季節の行事と
いまどきのしつらい手帖

いとよし

はじめに

暮らしの中では「時短」が人気で、最近は「タイパ」という言葉もよく聞かれるようになりました。「コスパ」ならぬ「タイパ」。タイムパフォーマンスの略で、いかに時間に対する効率を指す言葉です。いかに時間をかけずに成果を上げるか。今を生きる私たちが、どれだけ忙しく、時間に追われているかを表しているようです。日常の慌しさに加えて、通信速度の速さが追い風になって、自分もビュンビュン飛んでいるのではないかと思うこともあります。

そんな中で、地面に足をしっかりつけてくれるのが、自然を感じること。「月がまるくなってきたな」「近所の椿が今年も咲いたな」など、ゆっくり着実に四季を歩むものに気持ちを寄せ、肌で感じること。日本の暦は細やかです。七十二候は五日ごとに移り変わり、自然界の変化を教えてくれますし、行事にはその日に行われる意味や想いがつまっています。暦や行事に触れることで感じる、なんともいえない清々しさや気持ちよさ。自分も自然の一部であるような感覚を呼び起こしてくれる気がします。

それを「しつらい」として暮らしに取り入れてみませんか、というのがいとよしの提案です。ひな祭りには桃の花を生けてみる、七夕は短冊を書いてみる。忙しくても、ちょっとしたことを取り入れてみると、体に季節が入ってきて、ほかとは違う今日一日を楽しめるきっかけになります。

しつらいを通して、どうぞ皆さまの毎日が、いとよき日となりますように。

装丁・本文デザイン　高多 愛
写真　奥村恵子
宮澤里恵
オーカドアユコ
いとよし
イラスト　樋口たつ乃
しつらい・監修　高橋久子（室礼研究家）
しめかざり・わら細工協力　斎藤晴美
撮影協力　一欅庵
編集協力　高橋顕子
印刷　図書印刷株式会社

目次

はじめに 2
「しつらい」とは 6
本文に入る前に 8
「旧暦」 9
「二十四節気」と「七十二候」 10
「二至二分」「四立」「土用」 12
「五節供」 13
「陰陽五行説」 14

一月【睦月】 16
正月 18
初日の出 19
松飾り／万両・千両・南天／柑橘類 20
鏡餅 21
おせち料理 22
ワンプレートおせち 24
お雑煮 25
祝箸 26
お年玉 27
人日の節供 28
春の七草 29
鏡開き 30
小正月 31
餅花 32
小豆粥 33
寒の内 34
〔手しごとを楽しむ〕手前味噌 35

二月【如月】 36
節分 38
柊／鰯 39
鬼の正体 40
豆 41
立春 42
椿／かぶ 43

三月【弥生】 44
ひな祭り 46
ひな人形 47
桃の花 48

蛤 49
〔手しごとを楽しむ〕くるみ貝 50
春のお彼岸 51
蝶／ぼた餅 52
コラム 人物語り① 室礼研究家・高橋久子さん 53

四月【卯月】 54

花見 56
野遊び・磯遊び 57
蓬 58
〔手しごとを楽しむ〕蓬だんご 59
筍 60
〔手しごとを楽しむ〕筍の水煮 61
山菜 62
コラム 人物語り② 料理家・荒木典子さん 63

五月【皐月】 64

八十八夜 66
端午の節供 67
こいのぼり 68
菖蒲 70
五月人形 72
柏餅／粽 73

六月【水無月】 74

入梅 76
梅しごと 77
〔手しごとを楽しむ〕梅干し 78
夏至 80
夏越の祓 81
〔手しごとを楽しむ〕水無月 82
瓢箪 83

七月【文月】 84

半夏生 86
七夕 87
七夕飾り 88
里芋の葉／水盛り 90
麦／夏野菜 91
お中元 92
土用 93
土用の養生 94

八月【葉月】 96

お盆 98
ほおずき／精霊馬 99
盆踊り 100
花火 101

九月【長月】 102
重陽の節供 104
菊 105
十五夜 106
月待ち 107
すすき 108
ウサギ 109
芋名月 110
〔手しごとを楽しむ〕月見だんご 111
秋のお彼岸 112
秋の七草 113

十月【神無月】 114
十三夜 116
栗名月／豆名月 117
豆、いろいろ 118
〔手しごとを楽しむ〕栗ごはん 119

十一月【霜月】 120
亥の子・十日夜 122
七五三 123
七五三の儀式 124
七五三のしつらい 125
酉の市 126
新嘗祭 127
新米 128
コラム　人物語り③
農家・沼崎信夫さん 129

十二月【師走】 130
お歳暮 132
正月事始め 133
冬至 134
運盛り／唐辛子／からすうり 135
柚子／かぼちゃ 136
クリスマス 137
しめかざり 138
縁起物の飾り 139
大晦日 140
除夜の鐘 141

おわりに 142
いとよしの紹介・参考文献 143

「しつらい」とは

「しつらい」をご存じですか？

もしかしてピンとこない方も多いかもしれませんが、「しつらい」は日本で生まれた言葉で「室礼」と書きます。

もとは客人をもてなすために、部屋や御簾《みす》、几帳《きちょう》などの調度品を整えることをいいました。「しつらひ」として『源氏物語』などにもたびたび登場します。

本書で紹介する「しつらい」は、行事や季節の節目に、「心」を「もの」に託して供えることを指します。こう書くと難しそうと思うかもしれませんが、節分に豆をまいたり、ひな祭りに桃の花を生けたり、七夕で願いごとを短冊に書いたりするのも、しつらいです。

ともすると、和のインテリアと思われがちですが、しつらいでは「飾る」とはあまり言わず、代わりに「盛る」を用います。「盛」の字は、「皿」の上に「成す」と書きます。ただ素敵なものをそろえるのではなく、「もの」を通して想いが叶うようにと願うのです。正月には、神さまを「待つ」心が「松」に、節分には「魔」を「滅」する願いが「豆」に込められています。おせち料理は縁起物のオンパレードですが、新年をいい年にという願いがぎゅうぎゅうに詰まっています。

しつらいに決まった「型」などは、ありません。あまりかしこまらずに楽しみましょう。しつらいをすることで清々しい気持ちになったり、しつらえた場所がお気に入りの空間になったり、思いがけず家族やお客さまが反応してくれたりと、うれしいこともいろいろあります。

日々の暮らしでしつらいを楽しむなら、まず、家の中に決まったスペースをつくるのがおすすめです。玄関やリビングの一角など、小さな空間でも大丈夫です。板やお盆などがあると丁寧ですし、しつらえた場所が絵になります。

季節の果物や野菜をいただいたら、食べる前に一度盛るのもいいものです。枝や葉がついていたらラッキー。里山の風景や季節が身近に感じられて、心も穏やかになります。月に一度など、ご自分のペースでまずは行ってみてはいかがでしょうか。

本文に入る前に

この本では、代表的な日本の伝統行事や、暦の上で節目となるような日のしつらい、季節を楽しむ暮らしの手しごとなどを月ごとに紹介しています。

正月やひな祭りといった行事は、私たちの暮らしの中にある身近なものです。「行事」が「事」を「行う」と書くように、とにかく難しいことは抜きにして、まずはしつらいを楽しんでみてください。行事ごとに、しつらいに使える材料やそれを使う理由を紹介していますので、テキストのように気軽に使っていただけたらうれしいです。

行事の時には、なんとなく行っていることも多いものです。「こういうものだから」と気にしていなかったことにも、実は日本文化の基本や歴史、その心が盛り込まれていて、驚くこともあります。より深く行事やしつらいを楽しむために、次ページから暦や行事の基本を解説します。中には理解するのに時間がかかる項目もあるかもしれませんが、一度にすべてわかろうとしなくても大丈夫。日々の暮らしの中で、少しずつわかってくるという楽しみもあります。

七夕の短冊やこいのぼりの吹き流しの「五色」とはなにか、七五三などお祝いに奇数が使われるのはなぜか……など行事や風習にまつわる話もいろいろ出てきます。改めて日本の文化を再発見するきっかけになったら、幸いです。

「旧暦」

日本で現在使われている暦は、「太陽暦」です。地球が太陽の周りを一周する期間を一年としています。世界の多くの国と地域でも採用されており、日本では明治六年から使用されています。

では「旧暦」とはなんでしょう。改暦の時に、太陽暦を「新暦」としたため、その前に使用していた暦を旧暦と呼びます（ほかの呼び方もあり）。旧暦のベースとなったのが「太陰暦」です。太陰暦では、一カ月は月の満ち欠けの周期で決まります。約二十九日半で一周するため、一年で十一日ほど短くなります。同じ日であっても季節がずれてしまっては不便なことから、太陰暦に太陽の動きを加えた「太陰太陽暦」を使用するようになりました。数年に一度「閏月《うるうづき》」を作ることで、一年を十三カ月にして日にちのずれを調整したのです。「太陰太陽暦」は、新暦になるまで、千年以上にわたって改良されながら日本で使われてきました。

今も残る行事の多くが旧暦の時代に生まれています。明治五年十二月を明治六年の一月と定めたこともあり、新暦では旧暦と比べて一カ月から一カ月半ほど日付が早まります。「桃の節供」なのにまだ庭木は咲かなかったり、「七夕」の星空が梅雨どきで見えなかったりするのは昔より行事が早まったから。「睦月」などの和風月名も旧暦の時代に作られたため、ずれを感じることもあるでしょう。

行事は、日付を合わせて新暦で行うことが多いですが、旧暦のまま行う地域や行事も残っています。旧暦での行事は季節とぴったり合って、その意味が腑に落ちることも多くあります。

太陽暦（新暦）

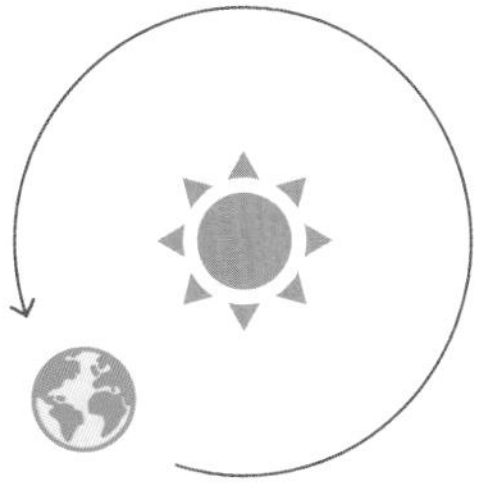

現在、日本で採用されている暦。地球が太陽の周りを1周する時間を1年としています。

太陰太陽暦（旧暦）

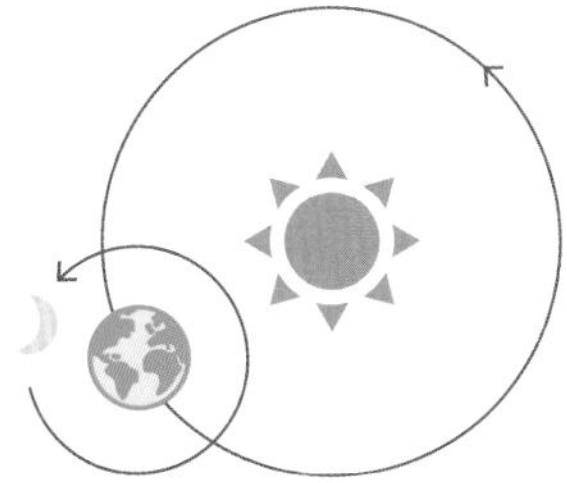

明治5年まで使用されていた暦。月が地球を1周する時間を1カ月とし、太陽の運行を参考に閏月で季節を調整します。

自然の細やかな移ろい

「二十四節気《にじゅうしせっき》」と「七十二候《しちじゅうにこう》」

月をもとにした太陰暦は、日付が月の満ち欠けと連動していたので、夜の明るさや、潮の満干を知る目安になりました。しかし年によってずれが大きく、季節を知るには不便でした。

季節との食い違いを直し、正しく把握する目的で作られたのが太陽の動きをもとにした「二十四節気」です。一年（太陽年）を二十四の期間に分けています（下図）。一区切り（節気）はおよそ十五日間で、それぞれに名前をつけることで、半月ごとの変化がわかり、季節の判断がつくようになりました。二十四節気は古代中国で作られたもので、日本と多少の季節のずれはありましたが、農作業などに役立つ大変便利なものとして定着しました。

「七十二候」は、二十四節気をさらに細かく三等分して、およそ五日間に分けたものです（P.11参照）。動物や植物などの自然の移り変わりを短い言葉で表しています。二十四節気と同じく、古代中国で作成されたものを使用していましたが、中国の黄河中下流域方と日本の季節にはかなり違いがあったため、江戸時代になって日本の風土に合った七十二候に改訂。現在主に使用しているのは、明治七年に採用されたものです。

漢詩をもとにした三、四文字の短い七十二候を見ると、自然の変化を見逃さない細やかな観察眼に驚きます。「世の中は三日見ぬ間に桜かな」（江戸中期の俳人・大島蓼太）という句がありますが、七十二候を追うと、五日間でドラマチックに移りゆく自然を身近に感じることができます。

二十四節気

1年を24分割した二十四節気。最も昼が短い日を冬至、最も昼が長い日を夏至、昼と夜の長さが同じ日を春分・秋分とし、春夏秋冬の中心に置くことで季節を決めています。図の1～12月は新暦の表記。本来、春は旧暦1～3月を表します。

七十二候

七十二候は、二十四節気を約5日ずつに分け、季節の様子を表したものです。

四季	二十四節気	七十二候	
初春	立春 2月4日頃〜	東風解凍	はるかぜこおりをとく
		黄鶯睍睆	うぐいすなく
		魚上氷	うおこおりをいずる
	雨水 2月19日頃〜	土脉潤起	つちのしょううるおいおこる
		霞始靆	かすみはじめてたなびく
		草木萌動	そうもくめばえいずる
仲春	啓蟄 3月5日頃〜	蟄虫啓戸	すごもりのむしとをひらく
		桃始笑	ももはじめてさく
		菜虫化蝶	なむしちょうとなる
	春分 3月21日頃〜	雀始巣	すずめはじめてすくう
		桜始開	さくらはじめてひらく
		雷乃発声	かみなりすなわちこえをはっす
晩春	清明 4月5日頃〜	玄鳥至	つばめきたる
		鴻雁北	こうがんかえる
		虹始見	にじはじめてあらわる
	穀雨 4月20日頃〜	葭始生	あしはじめてしょうず
		霜止出苗	しもやみてなえいずる
		牡丹華	ぼたんはなさく

四季	二十四節気	七十二候	
初夏	立夏 5月5日頃〜	蛙始鳴	かわずはじめてなく
		蚯蚓出	みみずいずる
		竹笋生	たけのこしょうず
	小満 5月21日頃〜	蚕起食桑	かいこおきてくわをはむ
		紅花栄	べにばなさかう
		麦秋至	むぎのときいたる
仲夏	芒種 6月6日頃〜	蟷螂生	かまきりしょうず
		腐草為蛍	くされたるくさほたるとなる
		梅子黄	うめのみきばむ
	夏至 6月21日頃〜	乃東枯	なつかれくさかるる
		菖蒲華	あやめはなさく
		半夏生	はんげしょうず
晩夏	小暑 7月7日頃〜	温風至	あつかぜいたる
		蓮始開	はすはじめてひらく
		鷹乃学習	たかすなわちがくしゅうす
	大暑 7月23日頃〜	桐始結花	きりはじめてはなをむすぶ
		土潤溽暑	つちうるおうてむしあつし
		大雨時行	たいうときどきふる

四季	二十四節気	七十二候	
初秋	立秋 8月8日頃〜	涼風至	すずかぜいたる
		寒蝉鳴	ひぐらしなく
		蒙霧升降	ふかきりまとう
	処暑 8月23日頃〜	綿柎開	わたのはなしべひらく
		天地始粛	てんちはじめてさむし
		禾乃登	こくものすなわちみのる
仲秋	白露 9月8日頃〜	草露白	くさのつゆしろし
		鶺鴒鳴	せきれいなく
		玄鳥去	つばめさる
	秋分 9月23日頃〜	雷乃収声	かみなりすなわちこえをおさむ
		蟄虫坏戸	むしかくれてとをふさぐ
		水始涸	みずはじめてかるる
晩秋	寒露 10月8日頃〜	鴻雁来	こうがんきたる
		菊花開	きくのはなひらく
		蟋蟀在戸	きりぎりすとにあり
	霜降 10月24日頃〜	霜始降	しもはじめてふる
		霎時施	こさめときどきふる
		楓蔦黄	もみじつたきばむ

四季	二十四節気	七十二候	
初冬	立冬 11月7日頃〜	山茶始開	つばきはじめてひらく
		地始凍	ちはじめてこおる
		金盞香	きんせんかさく
	小雪 11月22日頃〜	虹蔵不見	にじかくれてみえず
		朔風払葉	きたかぜこのはをはらう
		橘始黄	たちばなはじめてきばむ
仲冬	大雪 12月7日頃~	閉塞成冬	そらさむくふゆとなる
		熊蟄穴	くまあなにこもる
		厥魚群	さけのうおむらがる
	冬至 12月21日頃〜	乃東生	なつかれくさしょうず
		麋角解	さわしかのつのおつる
		雪下出麦	ゆきわたりてむぎのびる
晩冬	小寒 1月5日頃〜	芹乃栄	せりすなわちさかう
		水泉動	しみずあたたかをふくむ
		雉始雊	きじはじめてなく
	大寒 1月21日頃〜	款冬華	ふきのはなさく
		水沢腹堅	さわみずこおりつめる
		鶏始乳	にわとりはじめてとやにつく

体で感じる季節の区切り

「二至二分《にしにぶん》」「四立《しりゅう》」「土用」

季節の区切りとなるのが、太陽の照らし方で区切る「二至二分」です。「二至」は最も昼の短い「冬至」と、昼の長い「夏至」のこと。「二分」はその中間に来る、昼と夜が同じになる「春分」と「秋分」です。東洋の暦では、この四つを季節の真ん中に持ってきました。すると、季節の始まりは、その中間に位置することになります。それが「四立」で、「立春」「立夏」「立秋」「立冬」に当たります。その前日が季節を分ける「節分」。現在は冬と春を分ける立春前日だけを指します（P.38参照）。「二至二分」と「四立」を合わせて「八節」と呼びます。

また、季節の変わり目が「土用」です。四立の前の十八～十九日間のことを指します。夏の土用が有名ですが、実は四季ごとにあります（P.93参照）。

二至二分

二至は夏至と冬至、二分は春分と秋分のこと。

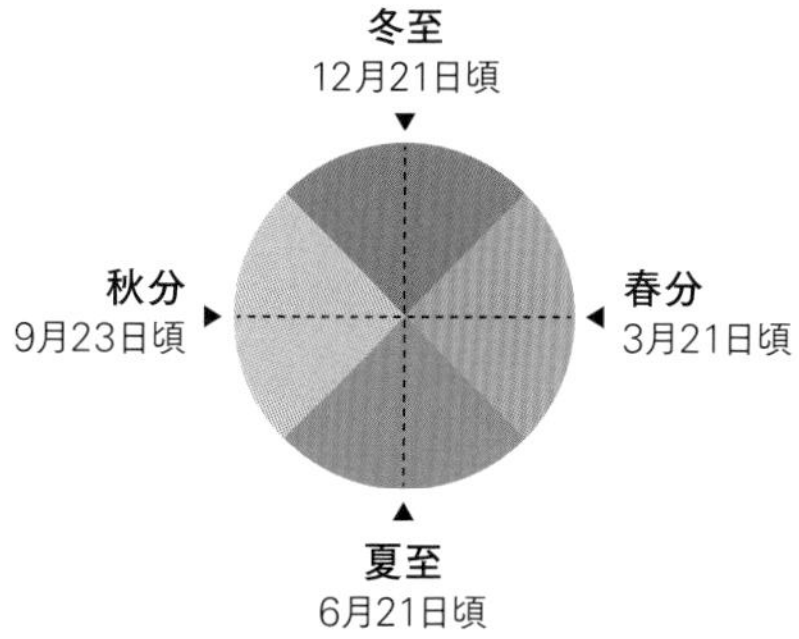

八節と土用

二至二分と四立（立春・立夏・立秋・立冬）を合わせて八節といいます。土用は四立の前18～19日間を指します。

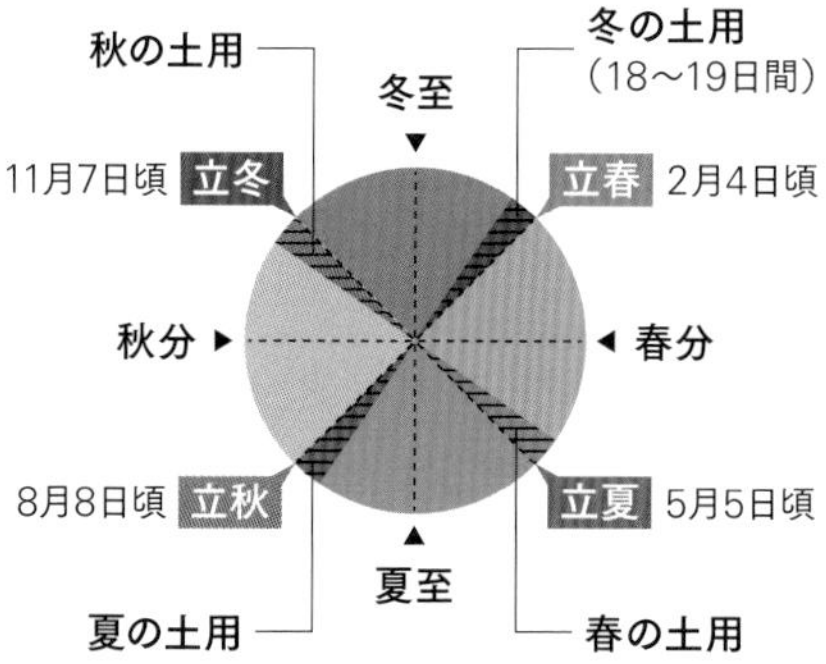

日本のメジャーな伝統行事

「五節供」

古くから行われる、一年の節目となる代表的な五つの行事を「五節供（五節句）」と呼びます。中国から伝わった五節供は、貴族や武家へ、やがて日本の慣習と結びつきながら庶民にも広まり、江戸時代には幕府の定める行事・祝日となりました。

どの日も奇数なのは、古代中国の陰陽思想（P.14参照）から。奇数を「陽」とし、二つ重なると陽が極まって陰に転じると考えられ、祓いの行事になったと考えられています。おめでたすぎて悪いことが起こらないように、というわけです。一月一日ではなく七日なのは、正月を別格としたからといわれています。

明治に入り改暦の時に、五節供は公の祝日からは除かれましたが、行事は暮らしの節目として今も続いています。

なお、今は「節句」と書くことが多いですが、本来は「節供」。神さまに「節会」というお祭りの料理を供えたことに由来します。本書では、本来の意味を大切にし、「節供」と表記しています。

◇雑節《ざっせつ》

長い歴史の中で、二十四節気や節供行事のほか、季節の移り変わりをより適確につかむために生まれた暦日です。日本独自のもので、主に農作業に照らし合わせて作られました。代表的なものに「節分」「彼岸」「入梅」「半夏生」「土用」があります。立春を起点とした「八十八夜」「二百十日（台風を警戒する日）」も雑節です。

五節供一覧

日付	節供名	植物
一月七日	人日の節供	七草
三月三日	上巳の節供（ひな祭り）	桃の花
五月五日	端午の節句	菖蒲
七月七日	七夕の節供	竹（笹）
九月九日	重陽の節供	菊

代表的な五つの行事。しつらいにはその季節の植物が必ず使われます。

「陰陽五行説」

「陰陽五行説」は、古代中国で生まれた哲学で「陰陽説」と「五行説」の二つが合わさったものです。飛鳥時代に日本に伝わったとされ、それ以来、明治維新で西洋天文学が導入されるまで、年中行事・医学・農業など日本のあらゆる分野の基本となり、今なお暮らしに深く関わっています。

「陰陽説」では、万物は相反する「陰」と「陽」から成り、互いに消長し、盛衰しながら循環していると考えます。たとえば、太陽が陽なら、月は陰。昼が陽で、夜は陰と区分されます（下表参照）。下図の「太極図」を目にしたこともあるかと思いますが、宇宙の原初の混沌とした状態から、「陰（黒）」「陽（白）」へと分かれていく様子を表しています。同じ混沌から派生したので、完全な「陰」や「陽」は存在せず、陰の中にも陽が、陽の中にも陰がありバランスを取って成立していると考えます。

「五行説」は、万物は「木《もっ》・火《か》・土《ど》・金《こん》・水《すい》」の五つの要素（行）で成り立つという思想です。五行は、方角・四季・色・十二支などあらゆるものに当てはめられました。たとえば「木」は、季節では「春」、色は「青（緑）」。ここから「青春」という言葉が生まれました。

十二支は、よく知られるように年を表すほか、方角や月、日、時刻も表します。十二支の「午」は時刻で表すと、午前十一時から午後一時の間。十二時はその中心なので「正午」となり、「午前」「午後」もここに由来します。身近なところにも、陰陽五行説の影響があることがわかります。

太極図

宇宙の原初の混沌が、陰陽に分かれる様子を表します。二つの丸は、陰の中にも陽が、陽の中にも陰があることを表すといわれます。

陰陽表

陰	地	水	女	柔	冷	寒	暗	月	右	下	低	夜	偶数	凶
陽	天	火	男	剛	熱	暑	明	太陽	左	上	高	朝	奇数	吉

相反する二つのものを「陰陽」といいます。独立してそれぞれが存在するのではなく、お互いに依存し合い、片方があるからもう片方も成り立つ、というような関係にあります。

五行表

五行に色、季節、方角、道徳、食物を当てはめた表。表に記したもの以外に、感情や五臓六腑、気候、十二支などがあります。

五行	木	火	土	金	水
五色	青	赤	黄	白	黒
五季	春	夏	土用	秋	冬
五方	東	南	中央	西	北
五常	仁	礼	信	義	智
五味	酸	苦	甘	辛	鹹

五行と十二支と八節

五行に八節を合わせ、季節、月、十二支、時刻、方角を当てはめた図。
1～12月は新暦の表記。本来、春は旧暦1～3月を表します。

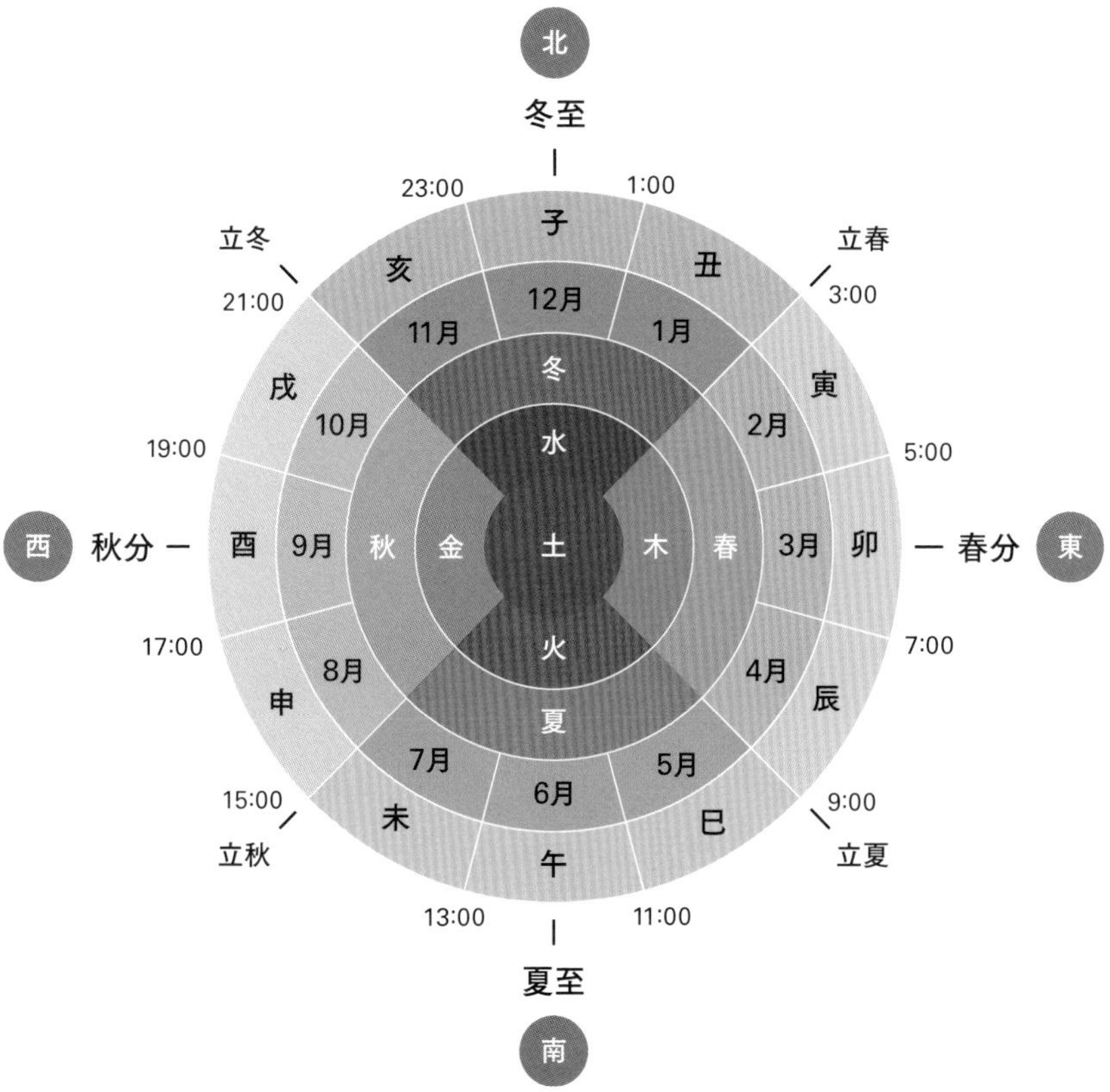

一月

【睦月―むつき】

正月に親類一同が集まる、睦《むつ》び（親しくする）の月。

新暦	1日	2	3	4	5	6	7	8	9	10
主な行事	◉正月（元旦）				寒の入り		◎人日の節供			
二十四節気	冬至（日が最も短くなる）									

January

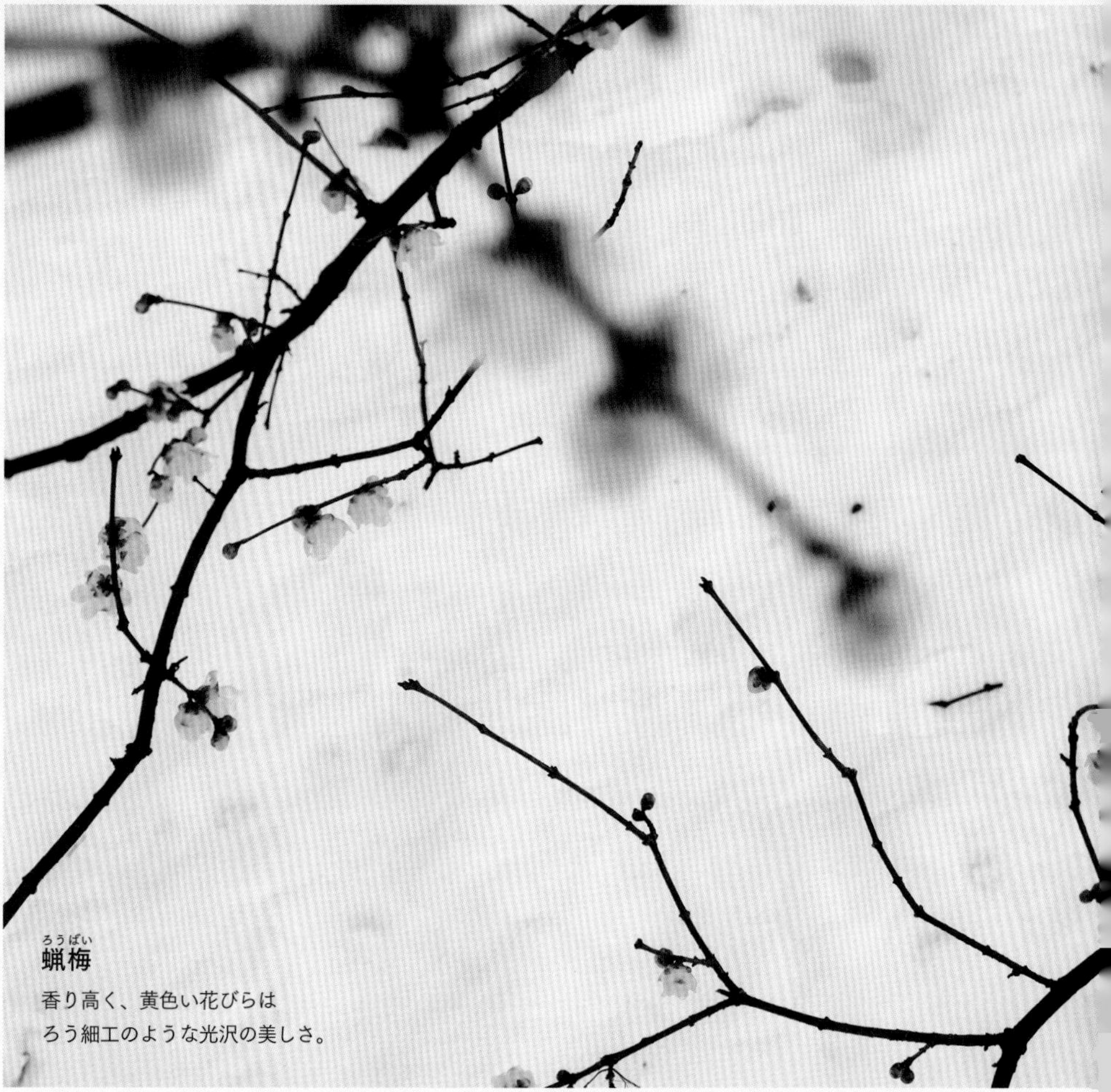

蝋梅《ろうばい》

香り高く、黄色い花びらは
ろう細工のような光沢の美しさ。

31	30	29	28	27	26	25	24	23	22	21	20	19	18	17	16	15	14	13	12	11
														冬の土用入り		小正月	◉成人の日（第二月曜）			鏡開き
大寒（厳しい寒さ）											小寒（本格的な寒さ）									

◉国民の祝日　⊠五節供
※二十四節気やそれに関する行事、祝日の一部は、年によって日にちがずれることがあります

正月

《一月一日》

新しい年を迎える、日本では最も大切な行事。正月にやってくる「年神《としがみ》さま」を迎えて祝います。年神さまは、新しい年に実りをもたらしたり、命を与えてくれたりする神さま。地方によって名前もさまざまで、「歳徳神《としとくじん》」や「正月さま」などとも呼ばれています。農耕の神さまである「田の神」とご先祖さまが合わさったような存在と考えられることが多いようです。

年末に大掃除をするのは、年神さまをもてなすための支度で、しめかざりや門松などの飾りは、正月を迎える準備が整ったことを年神さまに知らせる合図なのです。

現代では、深夜十二時に日付が変わると正月が始まるという感覚ですが、かつては日没が一日の終わりと考えられていました。大晦日《みそか》の夜には、年越しそばではなくおせち料理を食べるところもあったそうです。その日は年神さまを迎えるために徹夜をするのが基本で、早寝をすると白髪になるとかシワが寄るなどといわれていました。

正月の迎え方は、地方や家によってさまざま。おせちやお雑煮、正月飾りなど、家族の中で続けられてきたことも、大切にしたいものです。

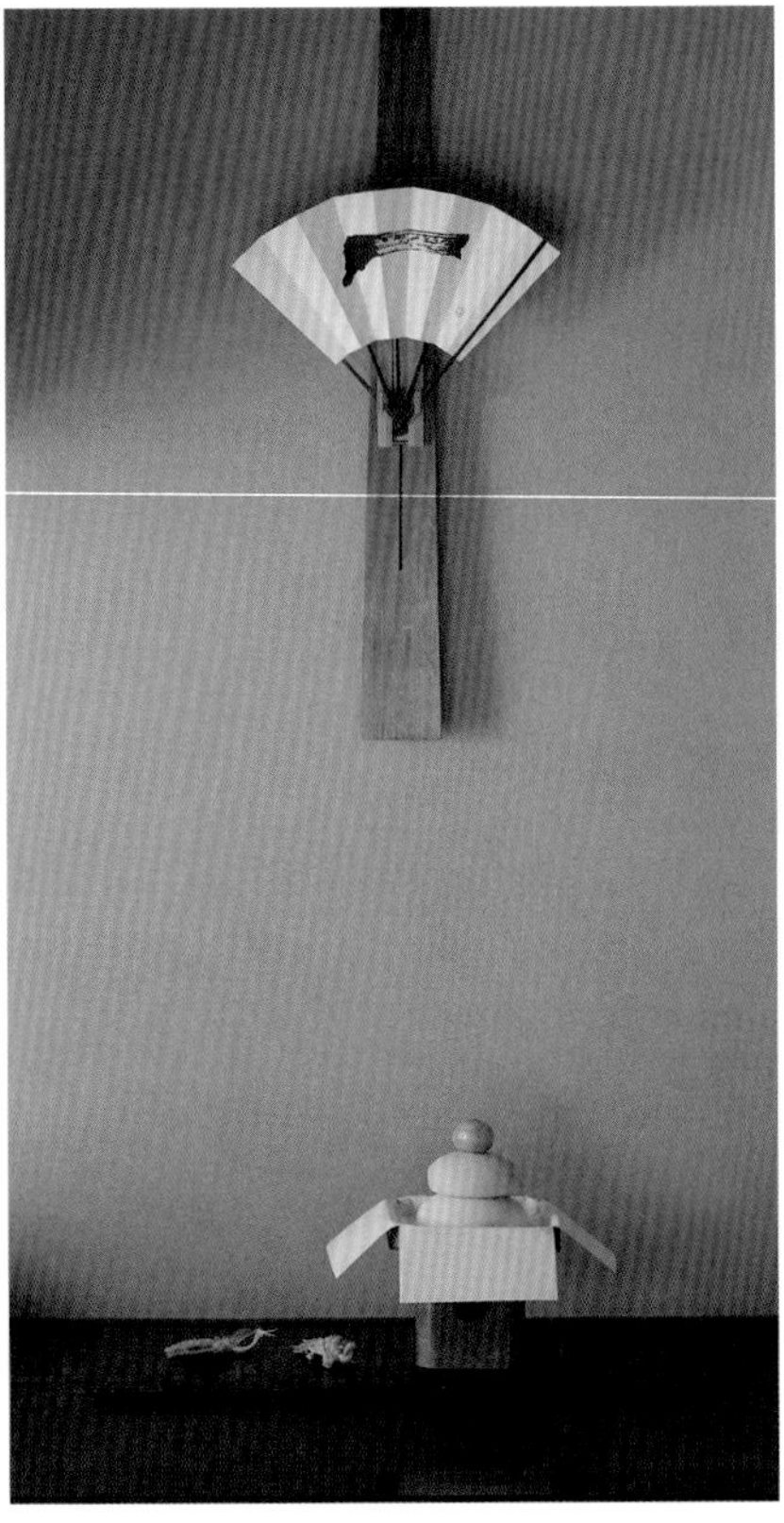

初日の出

初日の出とは、一年の最初に昇る太陽のことです。地域差がありますが、初日の出の時刻はだいたい六時四十分から七時半頃。大晦日《みそか》に夜更かししたとしても、頑張って早起きして拝む初日の出は清々しく、明るく晴れやかな新年の始まりを祝ってくれるようです。見晴らしのよい場所に出向くと、日の出と同時に周りの人たちからもワーッと歓声が上がるなど、一緒に眺める一体感も楽しめます。

初日の出を拝むのが盛んになったのは、江戸時代後期からで、特に広まったのは明治時代以降と、比較的新しい慣習です。年神《としがみ》さまが初日の出とともに現れると信じられ、眺めのよい場所に人が集まるようになったそうです。それより前は、東西南北を拝む「四方《しほう》拝《はい》」が家庭でも行われていました。

元旦の「元」は「はじめ」という意味。「旦」は「一」が地平線で「日」が太陽を表すことから、「日の出、朝」を意味します。

松飾り

松は、常緑で枯れないことから長寿を表す縁起物。神さまが宿る依代《よりしろ》の役割があります。「まつ」が「待つ」に通じ、年神《としがみ》さまを「お待ちしています」の印に。松と竹とを組み合わせた「門松」には、花や結びで「梅」の形を作り、縁起物の「松竹梅」としているものもあります。

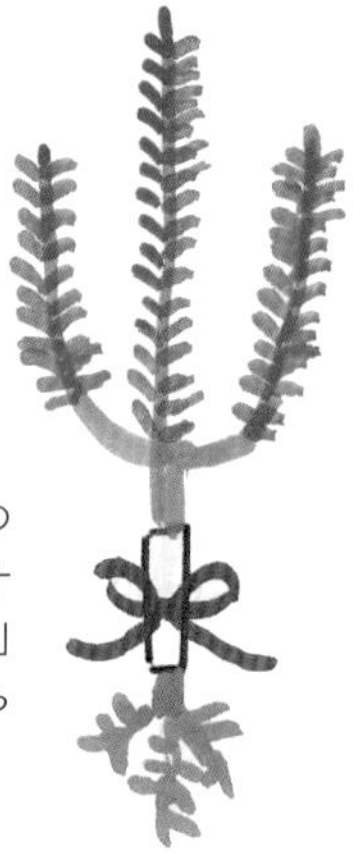

根がついた状態の「根曳《び》き松」は、十二支の最初の「子《ね》」と通じることから好まれます。

万両・千両・南天

赤い実が正月飾りや正月料理に華やかさを与えます。万両、千両は江戸時代の大金を表す名のとおり、商売繁盛の縁起物。百両・十両・一両もありますが、正月は千両・万両で景気よくいきたいものです。南天は「難」を「転ず」に音が通じて、厄除けとして用います。

南天の葉には殺菌作用があるため、赤飯やおせち料理の添え物としても大活躍します。

柑橘類

旬の橙《だいだい》や金柑、柚子などの柑橘類は、「かんきつ」の「きつ」が「吉」に通じるおめでたい盛り物です。「実を結ぶ」という意味もあり、お祝いにぴったり。中でも、大きなサイズの晩白柚《ばんぺいゆ》は、「大吉」の意味を表します。鮮やかな色の柑橘類を目で楽しんだ後は、美味しくいただきましょう。

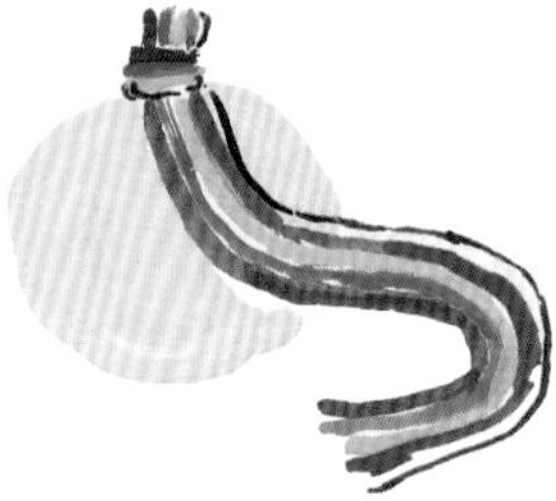

晩白柚に五色の紐を結ぶと鈴の見立てに。鈴の音色は厄を祓い、神さまを呼ぶといわれています。

餅屋や和菓子屋で求めた、あるいは手製の鏡餅は、殺菌シートを挟んでおくとカビを防ぐことができます。

✦鏡餅

正月のシンボルのような存在の鏡餅は、正月の間、年神《としがみ》さまが宿ると考えられています。丸い形は、昔の円形の鏡をかたどっており、神さまの魂の象徴といわれます。さまざまな物を映す鏡には神秘的な力があると信じられていました。正月の終わりには鏡開き（P.30参照）を行い、神さまの持つ力を分け合って食べます。

鏡餅の飾りには縁起のいい物を使います。

- **橙**《だいだい》…代々続きますように
- **裏白**《うらじろ》…裏表なく潔白、白髪になるまで幸せに
- **ゆずり葉**…代を譲る、子孫繁栄
- **昆布**…よろこぶ（喜ぶ）、恵比寿さまにあやかって夷子布《えびすめ》とも
- **十個の串柿**…ニコ（二）ニコ（二）仲睦（六）まじく（二＋二＋六＝十）

✪おせち料理

おせち料理には、新しい年への願いと、台所仕事が休めるようにという知恵が詰まっています。もとは「お節《せち》供《く》」といって、正月と五節供の日に作られていましたが、最も大きな節目となる正月料理のみを指すようになりました。

料理は「おめでたさを重ねる」という意味のある重箱に詰めます。現代では、三段の重箱が主流ですが、正式には五段。五段目はあえて空にして「来年は重箱をいっぱいにできますように」とさらなる繁栄を願ったそうです。重箱に詰めるものの基本はありますが、好きなおせち料理を手持ちの重箱に合わせて、彩りよく詰めてみましょう。なるべく色味が異なるものを隣り合わせるとメリハリが出ます。黒豆や田作り、なますなど、形が取りにくいものは小さな器に入れて。葉蘭《はらん》や中をくり抜いたゆずを器代わりに使うと、プロっぽい印象に。南天や裏白《うらじろ》などの添え物はいいアクセントになります。

一の重

【三つ肴と口取り】

三つ肴

- **黒豆**…まめに(元気に)暮らせますように。
- **数の子**…「春告魚」と呼ばれる鰊《にしん》の子の塩漬け。卵の数が多いことから、子孫繁栄を願う。
- **ごまめ(田作り)**…片口鰯《いわし》の稚魚を乾燥させ、甘辛く煮詰めたもの。田んぼの肥料にしたら米が五万俵もとれたという逸話から、五万米《ごまめ》、田作りとも。五穀豊穣を願って。
- **たたきごぼう**…ごぼうの胡麻和え。調理の際にごぼうを叩いて開くことから開運の意。

※三つ肴は、関東地方は黒豆・数の子・ごまめですが、関西地方はごまめの代わりにたたきごぼうが入ります。

口取り

- **紅白かまぼこ**…赤は厄除け、白は清浄の色。半月の形を日の出に見立てて縁起よく。
- **栗きんとん**…栗とさつまいもの和スイーツ。漢字で「金団」は小判を指す。財産が貯まるように。
- **昆布巻き**…「よろこぶ」の語呂合わせで「喜ぶ」、子どもが生まれる「子生《こぶ》」とかけて。
- **伊達巻**…卵を魚のすり身と混ぜて甘く焼き、渦巻き状にしたもの。巻物の形で、知識が増えるとも。

二の重
【焼き物と酢の物】

- **鯛**…塩焼きなど。鯛は福の神の恵比寿さまが釣る、めでたい魚。出世魚の鰤《ぶり》を使うことも。
- **海老**…塩焼き、うま煮など。海老の姿から腰が曲がり、髭が長く生えてくるまで長生きすることを願って。
- **紅白なます**…大根と人参の酢の物。お祝いの紅白の水引をかたどったもの。
- **菊花かぶ**…かぶを菊に見立てた酢の物。菊は、邪気を祓い、寿命を延ばすといわれる。

三の重
【煮物(お煮しめ)】

- **くわい**…大きな芽が出ることから、「芽《め》出《で》たい」として縁起を担いで。
- **蓮根**…たくさんの穴が開いていることから、将来の見通しが開けることを願って。
- **里芋**…子芋がたくさんつくので子宝、子孫繁栄を願う。大きな里芋の一種、八頭《やつがしら》は「人の頭に立てるように」の意味もある。

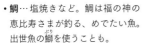

おせち料理が得意でないという人も、手作りすると甘さや濃さを好みに調整できるので、美味しくてびっくりすることもあるようです。

ワンプレートおせち

重箱がなければ、大きめの皿に盛りつけた「ワンプレートおせち」はいかがでしょう。皿に盛る時は、あまり欲張らずに余白を生かすと、上品で見栄えよくなります。葉蘭《はらん》や南天などの添え物や豆皿などを使うと、ぐっとセンスアップ。品数は、七・五・三など縁起がいいとされる奇数にします。おせち料理は品数も多く、手間がかかりますが、市販のものを利用しつつ、ファミリーレシピとして、毎年決まった品を作り続けてみるのはどうでしょうか。時が経ち、「我が家のおせち」として定番になったら素敵です。

また、少しずつ詰め合わせて「お福分け」するのもおすすめです。おせち料理は食べたいけれど少しだけ作るのも大変、というご年配の方などに思いの外喜ばれることもあります。

お雑煮

元旦の前の日に神さまに供えた餅を下ろして、新春に汲み上げた新鮮な水（若水）と神聖な火を使って野菜などと煮込んで食べたのが、お雑煮の始まり。神さまと人が一緒に食事をするという大切な意味合いがあります。

お雑煮は、地域や家庭によって、味つけや具材、餅の形もさまざま。たとえば、東京の代表的なお雑煮は、醤油すまし汁。焼いた切り餅、里芋、人参、大根、青菜、鶏肉、三つ葉などが入ります。京都は、白味噌仕立てで、具材は煮た丸餅、里芋、金時人参、大根など。また、香川は、同じく白味噌仕立てですが、あん入りの丸餅が入ります。

出身地によって思い出の味が違う、郷土色豊かなお雑煮。「おうち」ならではの味を大切に、作り継いでいきたいものです。

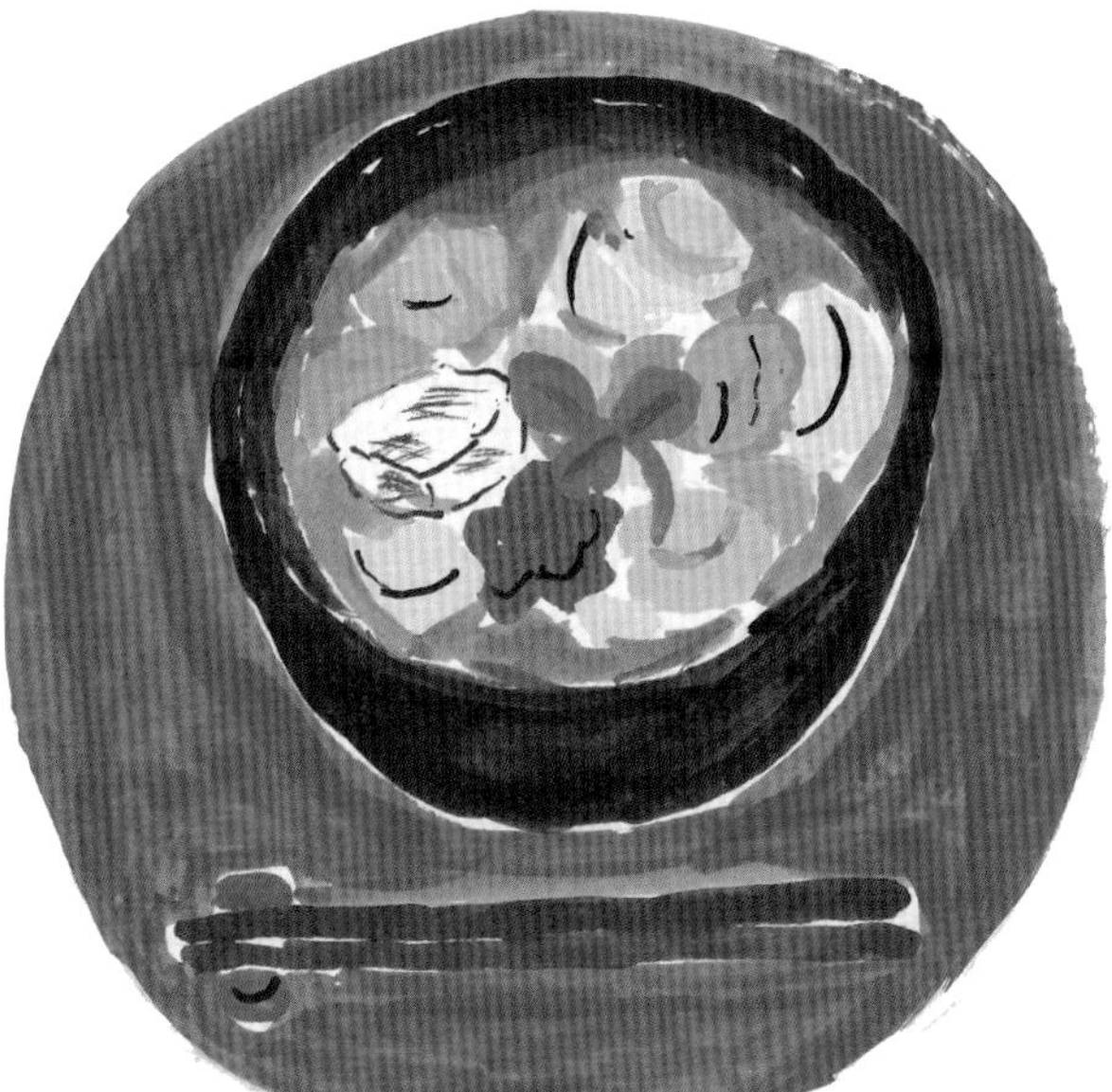

関東の広い地域で食べられているお雑煮は、「東京江戸雑煮」などとも呼ばれています。

◆祝箸《いわいばし》

正月には、いつものお箸ではなく紙袋に入った「祝箸」を準備しましょう。神事や祝儀によく用いられるのが、柳の木を原料とした「柳箸《やなぎばし》」。真っ白な木肌が清浄を表すとされており、ほどよいしなりがあって折れにくいのが特徴です。「家内喜《やなぎ》」とも書き、家の中に喜びを取り込むという縁起担ぎも。特に、両側が細くすぼまっている「両口箸《りょうくち》」「両細箸《りょうぼそ》」は、神さまが一方で召し上がり、もう一方を私たちが使うという意味合いがあります。日本では古くから、神さまと同じ食事をいただくことでその恩恵に授かる「神人共《しんじんきょう》食《しょく》」という考え方があり、祝箸もそれに由来しています。うっかりと反対側を取り箸にしないように気をつけましょう。

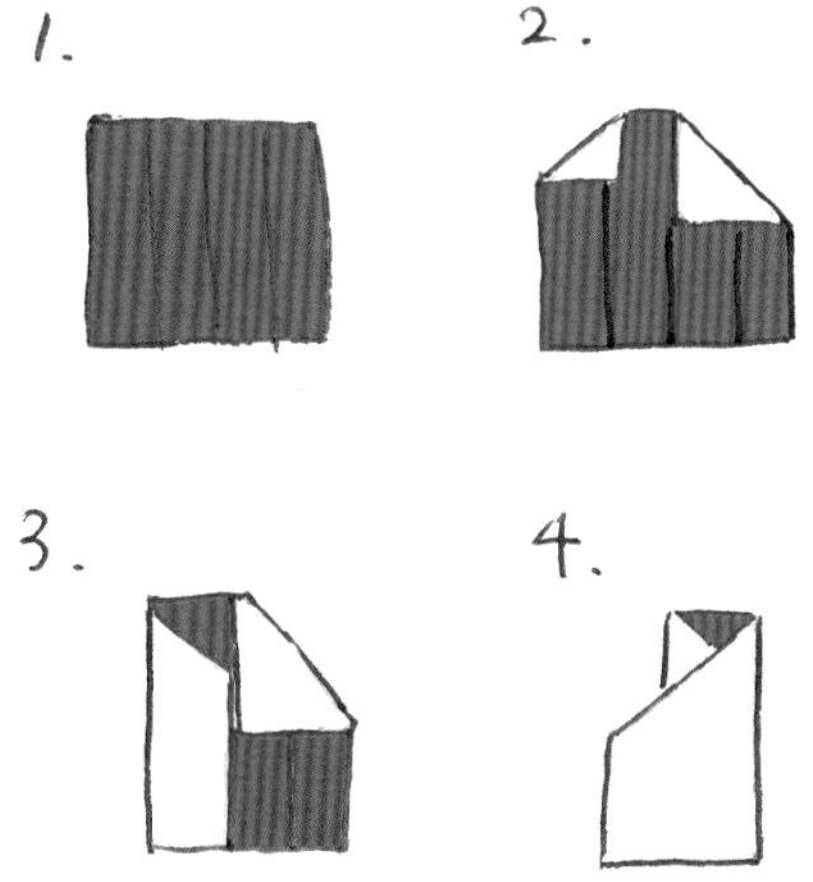

箸袋の作り方

❶ 15cm角の紙を縦半分に折り、さらに縦半分に折って、4等分に折り目をつける

❷ 左上の角を左から1本目の折目に合わせて三角形に折り、右上の角を真ん中の折目に合わせて三角形に折る

❸ 左側の折目を谷折りにする

❹ 中央の折目を谷折りにし、余った部分を裏へ折りこむ。下になる部分を1cmほど折り、袋状にしてできあがり

紙を二重にして、中から色がのぞくようにしたり、水引の飾りをつけたりしても素敵です。ごちそうを囲む家族（や知人）一人ひとりの名前を書き添えて。

単なる金銭のやり取りではなく、「今年一年健康でね」という気持ちも一緒に渡しましょう。

✦お年玉

お年玉は、古くは餅のことでした。かつて日本では、すべての人が新年に一つ年を取る「数え年」が使われていました。正月に供えた餅には年神《としがみ》さまの魂（＝年魂）が宿っており、家長が家族全員に分け与え、みんなでいただくことで、一つ年を取り、一年を無事に過ごせるようにと願ったのです。お金に変わったのは、江戸時代頃。商家の主人が奉公人に餅の代わりにお金を渡したことが始まりといわれています。

お年玉を入れるポチ袋の「ポチ」には「これっぽっち」という控えめな気持ちが込められています。袋には、渡す相手の名も書きましょう。幼くても自分がもらったうれしさは格別です。

人日の節供

一月七日

五節供（P.13参照）の一つで、今は七草粥を食べる日として知られています。中国から伝わってきた行事で、古代中国では、正月一日から「鶏、狗《いぬ》、羊、猪、牛、馬、人」の順にそれぞれの運勢を占い、各日の対象となる動物は大切に扱う風習があったそうです。七日は「人の日（＝人日）」で、七種の野菜を入れた「羹《あつもの》」という、熱いスープのようなものを食べる習慣がありました。「人日の節供」の呼び方は、昔から庶民には定着しなかったそうですが、若菜を入れたお粥を食べる習慣は日本でも古くからあったようです。

この日は、「七日正月」とも呼ばれ、関東では松飾りを外すなど、元旦から続いてきた正月のお祝いの締めくくりの日。七種類の若菜を入れた七草粥を朝食に食べてその力をいただき、正月のごちそうで疲れた胃腸を休め、無病息災を祈ります。

新暦の一月七日は冬真っただ中ですが、旧暦の一月七日は、新芽がひょっこり顔を出す頃。寒さの中でも大地にしっかりと根を張り、たくましく葉を伸ばします。野山で摘んだ若菜の力をいただくお粥は、胃腸を休めるだけでなく、一年間の無病息災を願うにはぴったり。南北に長い日本列島では、七草も決まったものではなく、近所で採れるもので作ることも多かったようです。七種そろわないこともあったかもしれません。お雑煮のように、「ご当地七草粥」があったら、ぜひ味わってみたいものです。

✪春の七草

「せり、なずな、ごぎょう、はこべら、ほとけのざ、すずな、すずしろ」と古くから歌われてきた春の七草。七草粥を食べると、一年中病気にならないといわれています。

昔は、一月六日の夜に七草を包丁で叩き、一晩供えてから、七日の朝にお粥にして食べていました。七草粥は、七草を「叩く」という作業がとても大切。日本各地に、七草を叩く時の囃子《はやし》歌があります。たとえば、

♪七草なずな／唐土《とうど》の鳥が／日本の土地に／渡らぬ先に／ストトン　ストトン　ストトントン

疫病や邪気を祓うように、歌いながら包丁の背やおたまなどでにぎやかに叩くと、ストレス発散にもなり、けっこう楽しいもの。お粥も自分もパワーアップしていくように感じます。

- **せり**…独特の強い香りが食欲をそそる。根も美味しい
- **なずな**…ペンペン草の別名。利尿、止血、解熱作用がある
- **ごぎょう**…母子草の別名。白い生毛があって昔は草餅にも使われた
- **はこべら(はこべ)**…利尿作用がある。小鳥の餌などにも
- **ほとけのざ**…別名コオニタビラコ。紫の花をつけるホトケノザとは別
- **すずな(鈴菜)**…かぶの別名。「菘」とも書く
- **すずしろ(清白)**…大根の別名

鏡開き

一月十一日

年神《としがみ》さまに供えていた鏡餅を下ろし、お雑煮やお汁粉にして食べる日。京都では四日、関西では二十日に行います。下ろした鏡餅は、木づちなどで叩いたり、手で砕いたりします。刃物を使わないのは、神さまが宿っている鏡餅を「切る」のは縁起が悪いため。また、鏡をかたどっているので「割る」も避け、「開く」という縁起のいい言葉で言い換えます。

餅はカチカチに硬くなっているので、素手で開くには力が必要です。ケガをしないように注意しましょう。神さまの持つ力を余すことなくいただくため、なるべく細かいかけらも残さずに汁に入れましょう。油で揚げておかきにするのもおすすめです。数日間、ざるなどに干して置き、中までしっかり乾燥させると、上手に揚がります。揚げる時にプシュッと音がして膨らむのも楽しいです。カラッと揚がったら、熱いうちに醤油、塩、カレー粉など好きな味をつけます。手が止まらない美味しさで、子どもにも大人にも大人気。

一年間幸せに健康で過ごせるように願いながら味わいます。

小正月

《一月十五日》

元旦から始まる正月を「大正月」と呼ぶのに対して、十五日を「小正月」と呼びます。聞き慣れませんが、古くからあるのは小正月のほう。新年最初の満月の日に行われる農耕と結びついた行事で、豊作を願うお祭りや占い、火祭りなどの習わしがありました。

今も全国各地で火祭りが行われており、「どんど焼き」「左義長」などと呼ばれています。年神《としがみ》さまは、正月飾りや書初めなどを焚き上げた煙に乗って天上に帰ると考えられており、その火で焼いた餅などを食べると、一年間風邪をひかないといわれています。今は十五日頃の週末に行うことが多いようです。正月飾りなどを持ってぜひ参加してみてください。

大正月に忙しく働いた女性をねぎらうという意味で、小正月のことを「女正月」と呼ぶ地方もあります。また、餅花などを飾ることから「花正月」との呼び名もあります。

秋田県の男鹿半島周辺で行われる伝統行事「なまはげ」も、ルーツは小正月。怠け心を戒め、田畑の実りや山の幸・海の幸をもたらすために、小正月にやってくる神さまだったのです。

餅花

餅花は、小正月の飾りの一つ。柳などの枝に、小さく丸めた餅やだんごをつけると、重みで枝垂《しだ》れ、稲の花のような姿に。かつては豊作を願って作られていたようですが、今は正月飾りとしても人気です。「繭玉《まゆだま》」というものがありますが、こちらは、養蚕が盛んな地域で作られていたもの。柳や水木《みずき》、白膠木《ぬるで》などの枝に繭の形に見立てた餅やだんごをつけます。飾った後の繭玉をどんど焼きに持っていき、その火で焼いて食べると病気にならないといわれました。新潟県などでは、宝船や鯛といった縁起物の形をしたカラフルな飾りもあります。

餅花はそのまま飾っておき、ひな祭りの時に、カラカラに乾いた餅を揚げて、あられで食べる風習もあります。

餅花の作り方

切り餅を一つ、耐熱容器に入れて餅の半分の高さまで水を入れ、500Wの電子レンジで1分弱温めます。柔らかくなったら片栗粉をまぶし、柳などの枝に少しずつちぎってつけます。半分は食紅をほんの少し混ぜ込んで紅白にすると華やかです。

食物繊維も豊富で、さまざまな栄養素を含む小豆。七草粥の次は、小豆粥も食べてみませんか。

小豆粥

小正月の朝は、小豆粥を食べる習わしがあります。小豆の赤色は、ハレの日を祝う色であるとともに、厄除けの色でもあります。お粥にして食べて、一年を通じて元気で過ごせるようにと祈ります。作り方は簡単。小豆を一度茹で、その茹で汁と小豆を入れてお粥を炊き、塩で味つけします。餅を入れても美味しく、ほっとする味です。

小正月と農耕との深いつながりを感じる風習に、その年が豊作になるか、凶作になるか占う「粥占い」があります。鍋に入った小豆粥を「粥かき棒」と呼ばれる先の割れた棒でかき回し、割れ目にはさまった米粒の数で占うというもの。その方法は地域によってさまざまですが、今もなお、長野県の諏訪大社などでは小正月の日に粥占いを行っているそうです。

寒の内

《一月六日～二月三日頃》

年が明けて最初に始まる二十四節気（P．10参照）が「小寒」。次が「大寒」。この二つの「寒」を合わせた約一カ月を「寒の内」と呼びます。「小寒」に入ることを「寒の入り」といい、「大寒」の次に「立春」が来ると「寒の明け」となります。年賀状を出しそびれた時の「寒中見舞い」は、寒の内に出すことからそう呼ばれています。

寒の内には、寒さを生かした風習が残っています。武道や芸事の修練を行う「寒稽古」。厳しい寒さに耐えながら稽古することで、心も体も鍛えられるという意味合いがあります。また、雑菌が繁殖しにくく、ゆっくりと発酵や熟成が進むことから、味噌や醤油、日本酒など発酵食品の「寒仕込み」も古くから行われてきました。自宅で味噌づくりに挑戦するなら、寒の内に行うと失敗しにくいかもしれません。

さらに、食品や布を寒気にさらす「寒ざらし」もこの時期ならではのもの。「寒ざらしそば」や、米粉を寒ざらしにして作った長崎県島原市の「寒ざらし」というスイーツもあります。身近な食品である「寒天」も、実はその一つ。たまたま寒い屋外にところてんを放置したところから生まれた食品で、「寒ざらしのところてん」が転じて「寒天」となったとか。そのほか、岐阜県の「飛騨染め」は、色染めした生地を寒ざらしにすることで鮮やかに発色することで知られています。つらい寒さも厳しいだけではなく、技術として生かす。昔から培われてきた日本の暮らしの知恵です。

手しごとを楽しむ

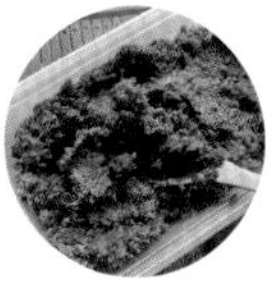

手前味噌

一度作ったら、あまりの美味しさに
また作らずにはいられなくなる、手作りの味噌。
材料はたったの3つで作り方も簡単。
容器に詰めたら、後は時間が美味しくしてくれます。

❖材料（できあがり約2kg）

乾燥大豆 ………… 500g
生麹 ………………… 570g
塩 ……………………… 200g

❖作り方

❶ 大豆をよく洗い、3倍量の水に浸けて18時間以上浸水させる。

❷ 大豆を大きな鍋に移し、たっぷりかぶるくらいの新しい水を入れる。指で芯まで簡単につぶれる柔らかさになるまで、3～5時間ほど茹でる。

❸ 粗熱が取れたら、手などで粒がなくなるようにつぶす。

❹ 大きいボウルに麹と塩を入れてよくすり混ぜる。

❺ ❹につぶした❸を入れ、よく混ぜ合わせたら、丸めて味噌玉を作る（Point）。

❻ 消毒した保存容器に、❺をすき間ができないように詰める。ぴっちり詰めることでカビ予防に。

❼ ラップでふたをし、300gほどの重石をする。ビニール袋に入れた塩を重石代わりにすると容器にフィットする。後は冷暗所でゆっくり発酵させる。

❽ 秋になったら少し味見を。美味しいと思ったらOK。そのまま常温で置いておくと熟成がさらに進んで味も色も変わっていく。冷蔵庫で保存すれば、そのまま味をキープできる。

Point

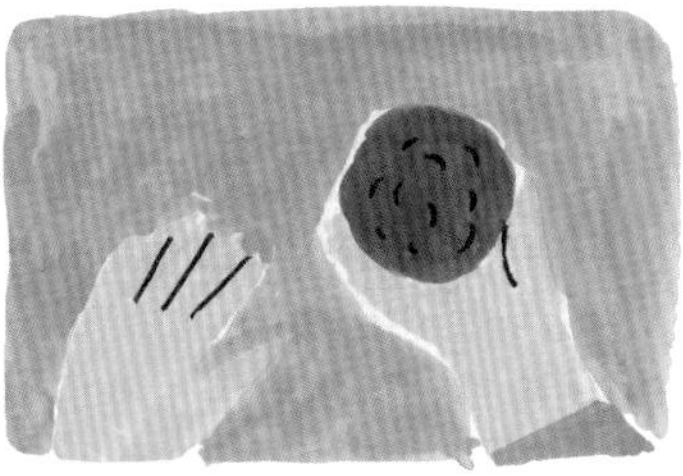

味噌玉は、カビ対策のためしっかり空気を抜く。容器に詰める時もぎゅっと潰しながらすき間ができないように。

二月

【如月―きさらぎ】

衣更着（きさらぎ）とも。
まだ寒さが残っていて、衣を更に着る月。

新暦	主な行事	二十四節気
1日		大寒（厳しい寒さ）
2		
3	節分	
4	立春	
5		
6		
7		
8		

February

紅梅《こうばい》

梅は春に先がけて咲くことから
「春告草《はるつげぐさ》」とも呼ばれる。

29	28	27	26	25	24	23	22	21	20	19	18	17	16	15	14	13	12	11	10	9
閏《うるう》日《び》(四年に一回)						◉天皇誕生日									バレンタインデー			◉建国記念日		初午(最初の午の日)
										雨水(雪や氷が溶ける)	立春(春の始まり)									

◉国民の祝日

※二十四節気やそれに関する行事、祝日の一部は、年によって日にちがずれることがあります

節分

二月三日

「節分」は「せちわかれ」ともいい、そもそもは季節の分かれ目を意味する言葉です。かつては立春・立夏・立秋・立冬それぞれの前日のことを指していましたが、今では立春の前日のみを指します。

旧暦（P.9参照）では、新年は立春から始まるとされていたため、その前日の二月三日は、いわば大晦日《みそか》のような特別な日。ほかの日にはない年迎えの行事が行われ、この日のみを節分と呼ぶようになりました。

節分の夜は、「鬼は外、福は内」などと声を出しながら外に向かって豆をまくのが定番ですが、鬼を追い払うものはほかにもあります。柊《ひいらぎ》や鰯《いわし》はチクチクしたとげや悪臭で鬼を遠ざけ、山椒《さんしょう》の木で作ったあたり棒（すりこぎ）は鬼を倒す武器となり、豆がら（大豆の枝）は振るとカラカラと音がするため、鬼が怖がって逃げると考えられています。声を出して、外に思いっきり豆をまくとすっきりしますが、それが難しい人もいるでしょう。家の中に節分にちなんだものをしつらえるだけで十分。市販の節分セットを使うのも手軽です。悪いものを祓うという気持ちを込めてしつらえましょう。

また、節分は行事食も豊かです。大豆を野菜やきのこなどと煮た「五目豆」は栄養たっぷり。鰯はつみれ汁にすると体も温まります。寒い時期に滋養のあるものを食べるのは、健康に過ごす知恵です。最近では、その年のめでたい方角「恵方」を向いて食べる「恵方巻き」も全国的に定着しました。

柊《ひいらぎ》

鬼が怖がって逃げるとされる柊。名前の由来は、ヒリヒリと痛むという意味の「ひいらぐ」。トゲトゲの鋭い葉がついており、「鬼の目突き」の別名もあります。鬼除けにぴったりの葉を持つ柊ですが、老木になると葉が丸くなります。

鰯《いわし》

鰯は、焼いた時の悪臭が鬼を遠ざけるといわれます。栄養価も高いので、食べることで風邪予防につながり、結果として鬼＝邪気を祓うことにつながります。大きめの片口鰯（煮干し）と柊の葉を並べたしつらいも気軽にできておすすめ。

焼いた鰯の頭を柊の小枝につけたのが「柊鰯《ひいらぎいわし》」です。「鰯の頭も信心から」ということわざの由来で、鰯の頭のように取るに足らないものでも、信じれば尊く見えるという意味。

✪鬼の正体

　昔、鬼は「隠《おん》」という、目に見えない恐ろしいものだと考えられていました。それは、疫病や災害、飢饉、それをもたらす邪気のこと。では、なぜ実態のわからないはずの邪気が一般に知られるような鬼の姿になったのでしょうか。これには、中国の自然哲学である陰陽五行説（P.14参照）が深くかかわっています。

　鬼が出入りすると考えられている「鬼門」は、北東の方角。これを、陰陽五行説で方位を表す十二支に当てはめると、丑《うし》と寅《とら》の間になります。鬼に「牛」の角や、「虎」の牙が生えていて、「虎」柄のパンツを履いている出で立ちもここからきているというわけです。

✪豆

節分には、「豆」がつきものです。五穀の一つである豆には、穀霊《こくれい》が宿っており、特別な力があるものだと信じられていました。さらに、「まめ」の音が「魔《ま》の目《め》」を打つ、「魔《ま》を滅《め》っする」という意味に通じることも、豆を使う理由といわれます。

かつては、家長や年男が、大豆の入った一升枡《いっしょうます》を片手に大声で「鬼は外！　福は内！」と唱えるものでしたが、今はやり方も人それぞれ。片づけの際に見つけやすいからと殻つきのピーナッツや、小分けの袋入りの豆をまく人もいるとか。

豆まきが終わったら、自分の年齢に一つ加えた数の豆を食べます。これは「年取り豆」といい、すべての人が新年に一つ年を取る「数え年」を使っていた頃の名残。一年の無病息災を祈って食べます。豆の数が多すぎて食べられない場合は、豆に熱いお茶を注いだ「福茶」にしていただきましょう。

鬼のつく地名、名字がある場所では、豆まきをしなかったり、「鬼も内」と声をかけたりするところも。悪い鬼だけでなく、人間を助けるいい鬼がいたという言い伝えが残っている地域もあります。

立春

《二月四日頃》

節分の翌日が、立春。「立つ」には、「(新しい季節が)始まる」という意味があり、立春は春の始まりを指します。旧暦(P.9参照)では、正月と近いこともあり「立春正月」といって、立春を新年の始まりとする考え方もありました。今も年賀状に「迎春」「初春」と書くのは、その頃の名残です。小寒、大寒と一年でもっとも寒い時期が続いた後に訪れる立春は、梅の花がほころび始める頃。旧暦の正月は、今の正月よりもずっと暖かく、まさに春の始まりを感じる季節だったのでしょう。

しつらいでは、漢字で春の木と書く椿《つばき》にまつわるものや、「福が来ますように」と祈りを込めて、福の神や福豆をしつらいます。また、立春に搾り上がった日本酒「立春朝搾り」で祝ったり、邪気払いにと白い豆腐を食べることもあるようです。

立春の日の早朝、曹洞宗などのお寺では「立春大吉」と書かれたお札を厄除けに貼る習慣があります。その由来となるのはある昔話。――立春の日に、「立春大吉」のお札を貼った門にやってきた鬼。門をくぐって後ろを振り返ると、さっき見たはずの「立春大吉」のお札が。「まだここの敷地には入っていなかったのか」と思い、門をくぐって出て行ってしまった――。左右対称の立春大吉の文字は、表から見ても、裏から見ても同じ。一度入った鬼も勘違いして出ていくという立春大吉のお札は、厄除けとして一部の禅寺や神社で授与しているようです。

椿《つばき》

節分では冬の木と書く柊《ひいらぎ》をしつらいますが、翌日の立春からは春の木と書く椿をしつらいます。しかし、花が咲く時季はもう少し先。椿をモチーフにしたものを用意しましょう。手ぬぐいやポストカードがあれば、ぜひ飾ってみてください。つややかな葉を使った和菓子「椿餅」をいただくのもよいでしょう。

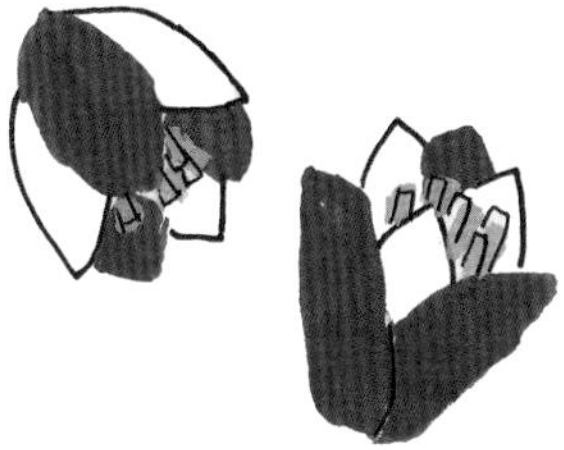

和紙で造花を作るのも素敵です。赤と白の椿の花を二輪並べると、ひな人形の見立てにもなります。

かぶ

かぶは、鈴のような形をしていることから、漢字で「鈴菜《すずな》」と書く別名があります。鈴は、神さまを呼ぶ縁起物。葉も根もついた元気なかぶをしつらえます。根は大地とつながり、命をつなぐ大事なもの。外の葉は短く落として、中の出てきたばかりの芽を見せると、「芽」が「出る」ので「おめでとう」のお祝いに。温かいところに置くと、どんどん芽が伸びます。

赤いかぶはラディッシュでも代用できます。しつらえた後は美味しくいただきましょう。

三月

【弥生―やよい】

「木《き》草《くさ》弥《い》や生《お》ひ月《づき》」から。草木が生い茂る月。

新暦	1日	2	3	4	5	6	7	8	9	10
主な行事			◎ひな祭り（上巳の節供）							
二十四節気	雨水（雪や氷が溶ける）									

March

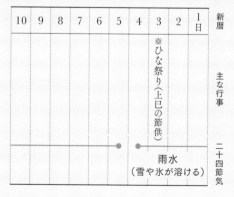

菜の花
菜種油を採るために栽培されてきた油菜の花。
千利休が愛した花ともいわれる。

31	30	29	28	27	26	25	24	23	22	21	20	19	18	17	16	15	14	13	12	11
							←			◉春分の日			春のお彼岸				ホワイトデー			
春分（昼夜が同じ長さに）											啓蟄（虫が冬眠から目覚める）									

◉国民の祝日　⊠五節供
※二十四節気やそれに関する行事、祝日の一部は、年によって日にちがずれることがあります

ひな祭り

三月三日

女の子の成長と幸せを願う日。今では、「ひな祭り」「桃の節供」などと呼ぶのが一般的ですが、もとは五節供（P.13参照）の一つで、「上巳の節供」ともいいます。

古代中国では、三月上旬の巳《み》の日（P.14参照）に、青草を踏んで川で身を清め、酒を酌み交わして厄を祓う「上巳節《じょうしせつ》」という行事がありました。日本でも古くから、「ヒトガタ（人形）」や「カタシロ（形代）」と呼ばれる人の形をした草や紙に、ケガレを移して水辺に流す習わしがありました。この二つが結びついて、三月三日を祓いの日として、ヒトガタを水辺に流すようになったのが行事の原型と考えられています。はじめは女の子に限定した行事ではなく、すべての人に関係する日だったのです。

ひな人形の由来も、ヒトガタ。草や紙がぬいぐるみのような人形になり、子どものお守りとして枕元に置かれるように。やがてこの人形で女の子たちが遊ぶようになり（ひいな遊び）、人形はケガレを移すものから遊び道具へと変化します。きれいな衣裳を着て、調度品も整った今のスタイルが広く普及したのは、江戸時代になってからといわれています。

今では、本来の節供に込められた厄祓いの意味はあまり感じられませんが、健康と幸せを願う想いは今も昔も同じ。春のうららかな一日、ひな人形や桃の花を眺めながらにぎやかに、楽しくお祝いしましょう。

ひな人形

子どもの幸せを願って飾るひな人形。座った姿の「座りびな」が主流ですが、立ち姿の「立ちびな」もあります。鳥取県には、わらで作った丸い舟に紙の人形を乗せて川に流す「流しびな」という風習も残っています。

人形を飾る時に気になるのが、「男《お》びな」と「女《め》びな」の位置。結論から言うと、左右どちらも大丈夫です。向かって右に男びなを置くのが、伝統的な「京風」。左側の方が位が高いと考える「左上位」の考えに基づいています。関東では向かって左が男びな。昭和天皇即位の際、西洋式の右上位に合わせて皇后の右側に立たれた写真が広まったのがきっかけとか（諸説あり）。

何歳まで飾るか、決まりはありません。大人になってからも飾って楽しむのはいいものです。

「一夜飾りは縁起が悪い」といわれることから、なるべく日にちに余裕をもって飾りましょう。立春を過ぎれば出してもOK。二十四節気の雨水（2/19頃～）に飾ると良縁に恵まれるともいわれます。イラストは、男びなが左上位の京風の飾り方です。

桃の花

現在の三月上旬では、桃の花はまだつぼみの状態ですが、本来行事が行われていた旧暦（P.9参照）では、ひな祭りは四月に入った頃。ちょうど桃が盛りだったことから、「桃の節供」とも呼ばれてきました。

桃は、実をたくさんつけることから生命力の象徴とされ、古代中国では、邪気を祓い、百鬼を制すと考えられていました。日本における最古の書物とされる『古事記』では、伊邪那岐命《いざなぎのみこと》が黄泉《よみ》の国から戻る時に、桃の実を投げて追手の黄泉醜女《よもつしこめ》から逃れたという記述もあります。鬼退治で活躍するのも「桃太郎」です。

ピンク色でかわいい桃の花には、女の子が無事に成長するようにとの願いが込められています。

漢字で、「兆」しの「木」と書く「桃」。兆しを持つ木は未来を予知し、古くから魔除け・厄除けになると考えられてきました。

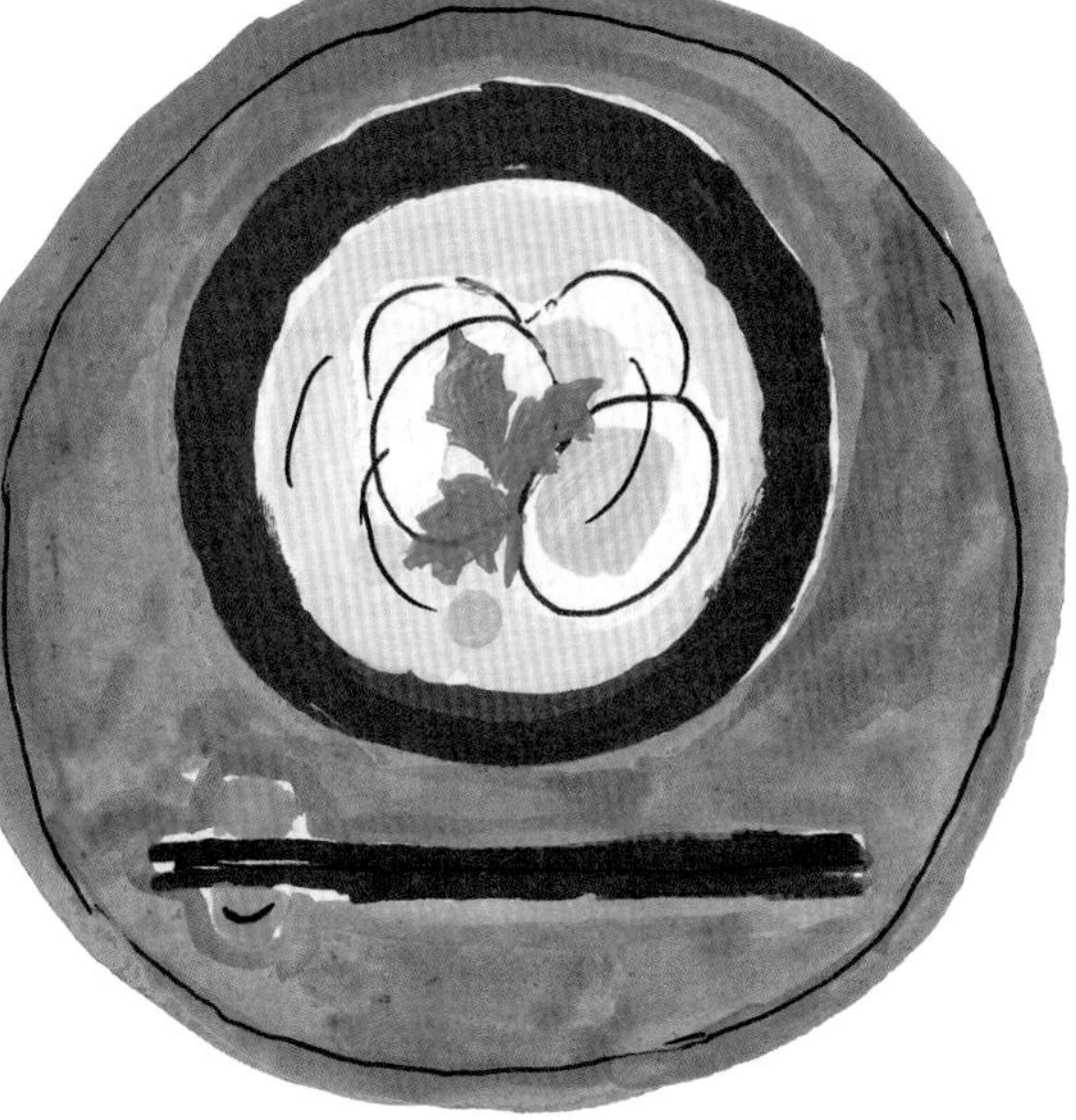

アサリよりも身が大きくて柔らかく、味も濃厚な蛤。盛る時に、
一対に1つずつ身を入れることもあります。

✦蛤《はまぐり》

ひな祭りのごちそうの定番といえば、蛤のお吸い物。旬は、産卵前の春頃から。旧暦（P.9参照）では、三月三日は大潮となるとされ、水もぬるんできて潮干狩りにはぴったりでした。採った蛤などの貝をひな人形に供える地域もあったそうです。

また、不思議なことに、蛤は対になった以外の貝殻同士を合わせても、ぴたっと合うことがありません。このことから「夫婦円満」の象徴として、ひな祭りのしつらいに用いられます。「良縁に恵まれますように」「いつまでも仲睦まじく」など、パートナーとの幸せを願いながら、旬の幸を美味しくいただきたいものです。

くるみ貝

蛤《はまぐり》の貝殻で貝のひな人形を作りましょう。
しじみの貝殻があれば、同じように作って
三人官女などに見立ててもかわいいです。
基本的な縫い方で簡単にできます。

❖材料

蛤の貝殻
布（着物などの端切れ）
ハサミ
針と糸
接着剤（布用、木工用）
大きめの洗濯ばさみ

❖作り方

❶ 対になっている貝殻は2枚に分ける。
❷ 貝殻よりも一回り大きいサイズで布を丸くカットする。
❸ 布の内側を縫う（Point A）。
❹ 貝殻の内側を上にして、裏にした布の上に置く。
❺ 貝殻をくるむように、針をつけたまま、糸をぎゅっと引っ張る。
❻ 貝殻の内側の布を対角線に何度か縫って玉留めする（Point B）。
❼ 貝殻のふちに接着剤をつけて、もう一対の貝殻と貼り合わせて洗濯ばさみで固定する。乾いたら完成。

Point

A

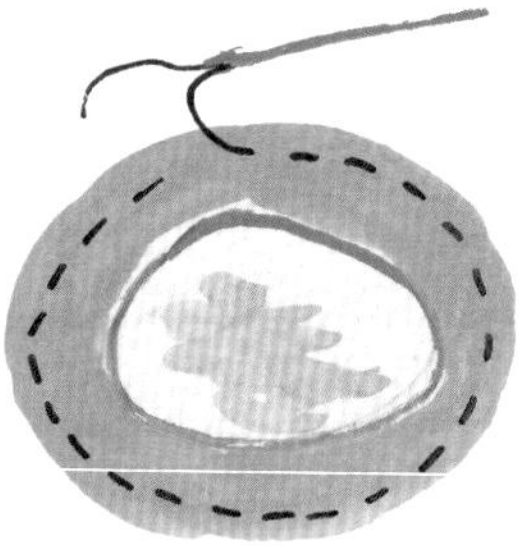

糸は2本取り。ふちから1cmくらいのところをぐるっと並縫いする。糸は切らない。

B

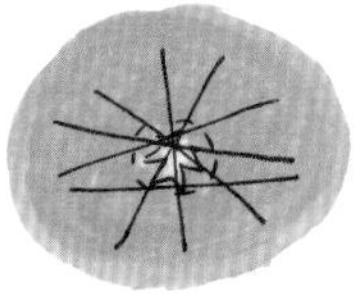

貝殻の内側は見えないので、ざっくりと縫ってもOK。貝殻の輪郭が出るように7〜8回ほど縫うと仕上がりがきれい。

春のお彼岸

春分の日（三月二十一日頃）の前後三日間

春分の日を中日として、前後三日、計七日間が「春のお彼岸」です。初日を「彼岸の入り」、終わりを「彼岸の明け」といいます。お彼岸の間は、先祖や亡くなった人を想い、仏壇をきれいに掃除したり、墓参りをしたりします。

　このお彼岸の風習は、仏教の教えをもとにした日本特有のもの。「彼岸」は、向こう岸という意味で、西にある極楽浄土を表します。対してこの世のことは「此岸《しがん》」といい、東にあると考えられています。春分の日は、太陽が真東から上って真西に沈み、彼岸と此岸が一直線につながるため、故人や先祖が最も近くに感じられる日になるのです。

　お彼岸のしつらいは、故人の愛用の品や写真、ぼた餅や好きだった食べ物などを用意しましょう。故人の想い出話に花が咲くきっかけにもなります。ほかには、信仰によりますが、供養のための数珠《じゅず》や、蝶《ちょう》をモチーフにしたもの、お寺でいただける散華《さんげ》などをしつらえてもいいでしょう。散華は、寺院での法要の際に供養のために撒かれる花のことです。もとは生花でしたが、今は蓮の花びらをかたどった色紙が使われています。

　「暑さ寒さも彼岸まで」といいますが、昼と夜の長さが同じになる春分の日は、季節の節目となる日。この日を境に、六月の夏至に向かって昼の時間が日ごとに長くなり、暖かさが増していきます。本格的な春の到来です。

✪蝶《ちょう》

お墓参りで蝶を見かけると、「亡くなったご先祖さまが会いに来てくれた」と考えられることがあります。ドラマチックに姿を変え、ひらひらと羽ばたく蝶は世界中で輪廻転生や復活、長寿の象徴とされてきました。

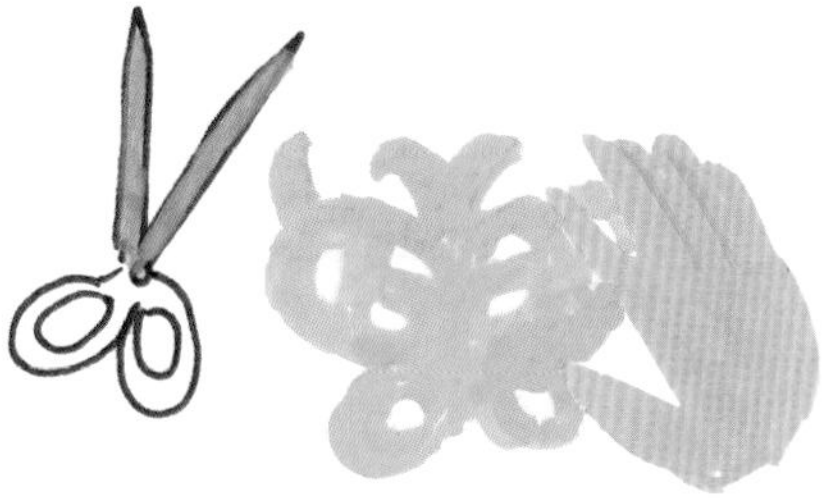

折り紙や画用紙で蝶をかたどった飾りを作ってしつらいに使っても。

✪ぼた餅

お彼岸は年に二回、春と秋にありますが、お供え物には「ぼた餅」や「おはぎ」がつきものです。どちらも同じものですが、季節の花に由来して、春は「牡丹《ぼたん》」でぼた餅、秋は「萩《はぎ》」でおはぎと呼ぶといわれています。地域によって違う、あるいはつぶあんとこしあんの違いという説もあるようです。

砂糖が貴重な時代には、ごちそうとしてふるまわれたぼた餅。あんこの原料となる小豆の赤色は、厄除けの色と考えられ、さまざまな行事で使われます。また、ぼた餅は、餅のように搗《つ》くのではなく、餅米をつぶして作ります。「搗いていない」にかけて、夏は「夜船」(いつ着いたかわからない)、冬は「北窓」(月が見えない)という風流な別名もあります。

作り方は、炊いた餅米をすりこぎなどでつぶして丸め、あんこで包むだけ。市販のあんこがあればさらに簡単です。きな粉をつけても美味しいです。

Column

［人物語り／1］

室礼研究家・高橋久子さん

先人の知恵と工夫が「今」を丁寧に生きるきっかけに

「グローバル化が進み、忙しい時代だからこそ、しつらいのことを知ってほしい」と話すのは、高橋久子さん。20数年前から、しつらいを学び、講師として活躍しています。

「私も若い頃は、育児に仕事にと忙しくて、なんとなく時が流れていました。でも、しつらいを学んでから、季節の変わり目や自然の移り変わりがしっかり感じられるようになり、地に足がついた感覚に変わっていきました」

立春には和紙で椿の花を作り、端午の節供には菖蒲湯に入る。七夕には瓜と短冊を盛り、重陽の節供には菊のおひたしをいただく。カレンダーや着るもので季節を推しはかるのではなく、行事や旬の食材を通して、「今」「この土地で」生きていることがダイレクトに感じられるようになったといいます。

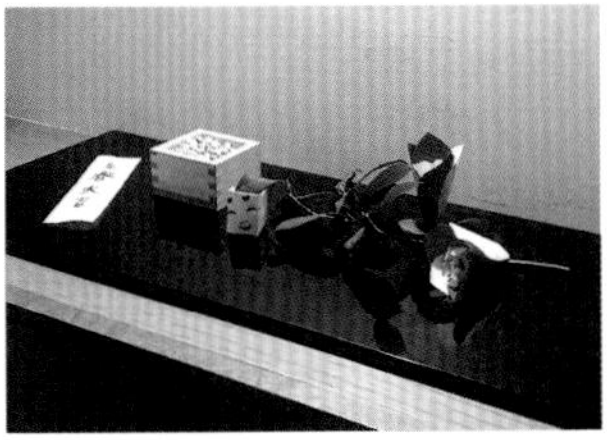

高橋さんのご自宅のしつらいスペース。写真は立春のしつらい。椿の枝に和紙で作った椿を添えて。

「しつらいを知ると、先人たちが自然の力や神の存在など、目には見えないものを大切にし、感謝してきたことに気がつきます。そこから、日本人のやさしさやたくましさ、繊細な感性をうかがい知ることができるんです」

日本人としての誇りを守りたい。それが、高橋さんがしつらいを語り継ぐ理由の一つなのです。

Profile

高橋久子

大学で造園を学び、仕事を通して環境保全や里山文化の伝承に携わるうち、自然との共生、日本の伝統行事に魅せられ、「室礼三千」でしつらいを学ぶ。「月の会」「室礼研究会ゆずり葉」「いとよし」などでしつらいの魅力を伝え続けている。

四月

【卯月 – うづき】

ウノハナ（卯の花）が咲く月。

新暦	主な行事	二十四節気
1日	エイプリルフール	春分（昼夜が同じ長さに）
2		
3		
4		
5		
6		
7		
8	花祭り	
9		

April

卯《う》の花
小さな花が垂れ下がるようにたくさん咲く。
田植えの頃に咲くことから「田植え花」ともいう。

30	29	28	27	26	25	24	23	22	21	20	19	18	17	16	15	14	13	12	11	10
	◉昭和の日													春の土用入り			十三詣《まい》り			
穀雨（穀物を潤す雨が降る）											清明（生命力にあふれる）									

◉国民の祝日
※二十四節気やそれに関する行事、祝日の一部は、年によって日にちがずれることがあります

花見

《四月上旬頃》

花見というと、仲間や家族とごちそうを食べたり、お酒を飲んだりするのが一般的ですが、昔は豊作祈願の一環として花見を行っていました。桜の語源には、「さ」は田の神さま、「くら」は神さまが座る場所である御座《みくら》のことを表すという説があります。花見は、春の農作業が始まる前に、桜の木に降りてくる田の神さまとともに、飲んだり食べたりしながら豊作を前祝いする「予祝《よしゅく》」の一種だったのです。桜の開花を田んぼを耕し始める目安としたり、桜の花を稲の花に見立て、その年の収穫を占ったりする習わしもあったようです。

江戸時代になると、身分や男女を問わず、花見が娯楽として広く行われるようになりました。前日からごちそうなどを支度して、当日は着飾って出かけて大いに楽しんだそうです。

今は日本全国で見られる桜の多くはソメイヨシノですが、古くは桜といえばヤマザクラのことを指しました。ソメイヨシノが誕生したのは江戸時代後期頃で、染井村（現在の東京都豊島区駒込）で植木職人による交配によって生まれたといわれています。生長が早く、花が大きいことから好まれ、全国各地に桜の名所が誕生することになりました。

春の景色を華やかに彩る桜。こんなに咲くのが待ち遠しい花はほかにはないでしょう。待ちわびた春の訪れを告げる花であり、豊作への願いも決められる神聖な木。桜は、日本人にとって、歴史を超えて特別な存在なのです。

野遊び・磯遊び

《四月上旬から下旬頃》

春は行楽シーズン。行楽とは、「山や野原や観光地に出かけて遊び楽しむこと」を意味しますが、日差しが暖かく過ごしやすい四月頃は、アウトドアにぴったりの季節です。花見や潮干狩りのハイシーズンでもあり、学校などでは遠足が行われたりもします。

この季節は気候がよくて出かけやすいこともありますが、その昔は、農作業が本格的に始まる前の日に、野山や海へ出かけて終日遊んで過ごす習わしがありました。これを、「野遊び」「磯遊び」といい、春の季語にもなっています。いずれもただのお遊びではなく、野遊びには「山にいらっしゃる田の神さまをお迎えに行く」という大きな名目があり、磯遊びには川や海の水で身を清める意味がありました。山で花を摘んだり、浜で貝を採ったり、春のうららかな一日を楽しく過ごしたことが、行楽として今に受け継がれています。ひな祭りのごちそうの一つである蛤《はまぐり》を潮干狩りで採る風習（P.49参照）も、ここにつながっています。

休日の楽しいアウトドアに、歴史的なルーツがあるのも興味深いことです。

✦蓬《よもぎ》

春になると、柔らかな新芽が顔を出します。都心部では、山菜採りを楽しめる人は少ないと思いますが、身近なところで採れる野草はいかがでしょうか。たとえば蓬。庭や畑のわきに顔を出しているのを見つけたら、新芽を摘んでみませんか。葉はギザギザとした手の形で、表面は鮮やかな緑色。裏面は産毛が密集していて白っぽいのが特徴です。摘むのは一番上の柔らかな葉がおすすめ。こすると爽やかな香りがします。誤って毒草を摘まないよう、見分けができる人と摘むと安心です。

摘んできた蓬の新芽は、よく洗ってから蓬だんごや草餅に。さっとゆがいておひたしや胡麻和えにしたり、炒め物にしたりしてもよいでしょう。乾燥させてからフライパンで煎ると、香りのよい蓬茶も楽しめます。

蓬は最も身近な薬草ともいえます。デトックス効果や増血・止血作用、身体を温める作用のほか、婦人科系の不調に効くとされています。お灸の「モグサ」は蓬のうぶ毛。韓国の民間療法「ヨモギ蒸し」も人気。

手しごとを楽しむ

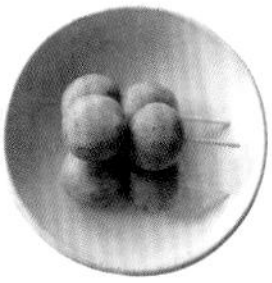

蓬《よもぎ》だんご

新芽の一番柔らかいところは
苦みやアクも少なめ。
摘んできた蓬をだんごの生地に練り込んで、
できたてを食べると爽やかな香りを楽しめます。

❖材料

蓬（柔らかい葉の部分）……… 70g
重曹 …………………………… 小さじ1
白玉粉 ………………………… 150g
砂糖 …………………………… 40g
ぬるま湯 ……………… 130〜150mℓ
きな粉・砂糖 ……………… 適量

❖作り方

❶ 鍋に湯を沸かし、重曹を入れたら、蓬を入れて柔らかくなるまで茹でる。水で10分ほどさらしたら、水をしっかり絞って包丁で細かく刻む（Point）。
❷ ボウルに❶と白玉粉、砂糖を入れ、ぬるま湯を少しずつ加えて耳たぶくらいの柔らかさになるまでこねる。
❸ ❷の生地を好みの大きさに丸めて真ん中を少しつぶす。
❹ 沸騰したたっぷりの湯でだんごを茹でる。浮き上がったら、冷水に取る。
❺ 器に盛り、きな粉と砂糖を混ぜてかける。

Point

細かく刻んだ蓬は、すり鉢でさらに細かくしておくと、だんごがきれいな緑色になります。フードプロセッサーを使う場合は、分量内のぬるま湯を少し加えると混ぜやすくなります。

蓬は量が少なかったとしても大丈夫です。色が薄くなりますが、手摘みならではの香り豊かな味わいを楽しめます。

◆筍《たけのこ》

漢字でたけかんむりに「旬」と書く筍。旬は、上旬・中旬・下旬という言葉からもわかるように、約十日間のことを指します。十日で竹になるほど生長が早いことから、生命力の象徴とも考えられてきました。ピーク時では、一日一メートル以上伸び、うっかり帽子をかけておいたら、翌日には手が届かなくなる、なんて話もあります。

この時期にしか手に入れることができない生の筍は、水煮とは比べ物にならないとびきりの美味しさ。和食が専門の料理家・荒木典子さん（P.63参照）は、「出回り始めは数も少なく高価ですので、店頭に山積みされるようになって値段が下がってきた頃が買い時。ピークを過ぎるとアクが強くなります」といいます。代表的な孟宗竹《もうそうちく》の筍は、三月初旬頃から旬になります。

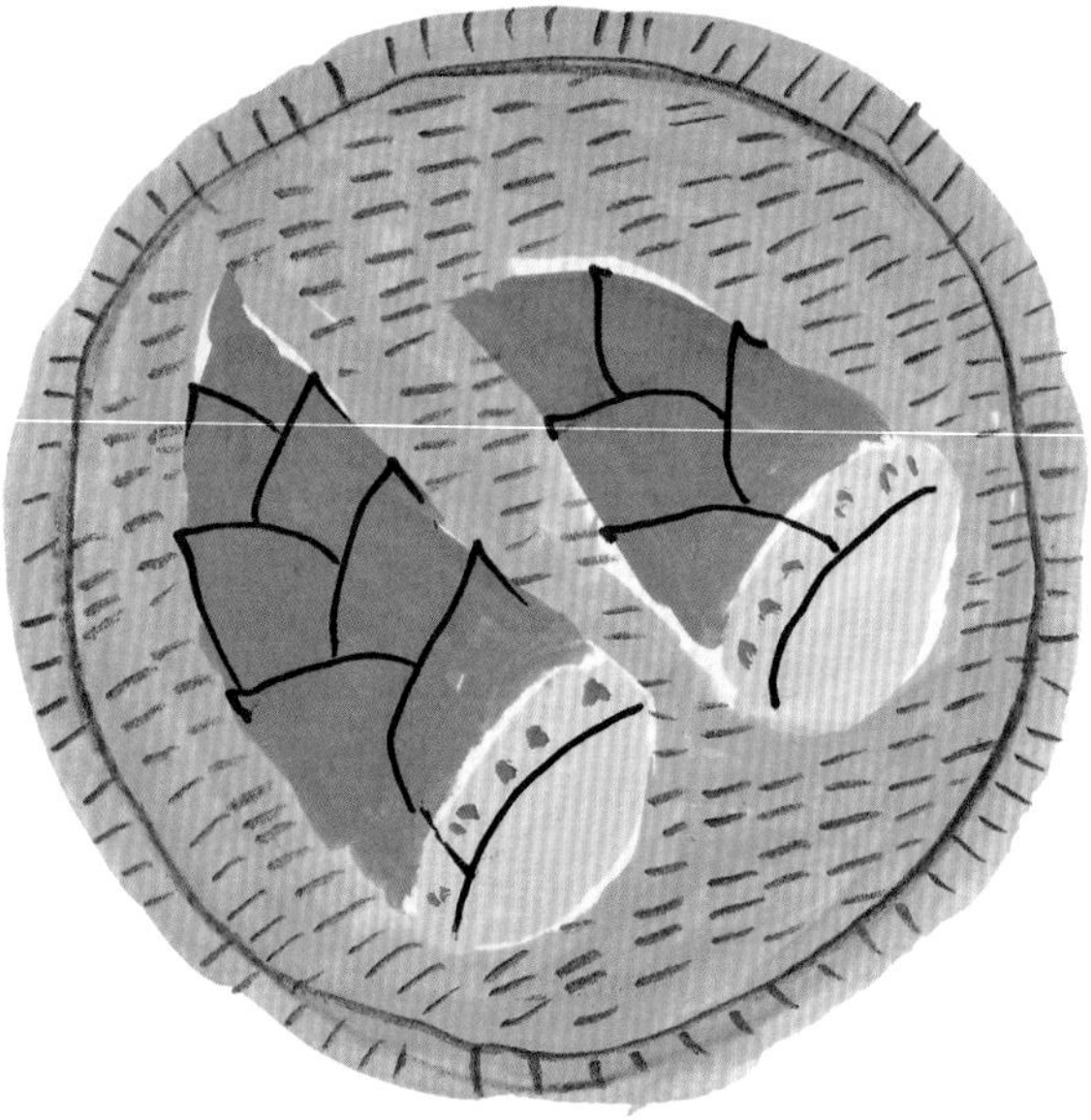

食用の筍は、種類によって旬も異なります。店頭でよく見る孟宗竹の後に、淡竹《はちく》や真竹《まだけ》、姫竹《ひめたけ》などが出回ります。大きさも味わいもそれぞれに個性があります。

手しごとを楽しむ

筍《たけのこ》の水煮

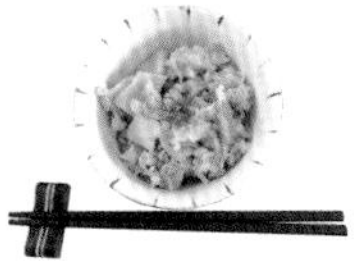

筍は、鮮度が勝負。採った瞬間からどんどんアクが強くなるので、
なるべく採ったばかりのものを手に入れて、すぐに茹でましょう。
茹で時間は長いですが、手間は大してかかりません。
自分で茹でた筍を使った筍ごはんや若竹煮は格別です。

※材料

筍 ………………………………… 2〜3本
米ぬか(なければ米のとぎ汁でも)
……………………………………… 1カップ
唐辛子 ……………………………… 1本
※分量はあくまで目安です

※作り方

❶ 筍の皮は泥のついたところだけむき、穂先を斜めに切り落とし、垂直に浅く切り込みを入れる(Point)。大きくて鍋に入りきらないようなら、皮つきのまま半分にカットする。

❷ 大きな鍋にたっぷりの水と米ぬか(なければ、米を一つまみ)、赤唐辛子、筍を入れる。筍が浮かないように落しぶたをして、沸騰させる。

❸ 沸騰したら弱火にして、1時間〜1時間半ほど茹でる。湯が足りなくなったら足し、吹きこぼれに注意する。茹で上がりの目安は、根元に竹串がすっと通ること。

❹ そのまま冷めるまで置いておく(8時間以上)。十分に冷めたら、鍋から取り出して米ぬかをきれいに洗って皮をむく。水を張ったタッパーなどに保存し、冷蔵庫に入れておけば3〜4日間ほど楽しめる。もしえぐみが残っていたら、味つけを強めにしたり、お肉と煮たりすると食べやすくなる。

Point

茹でる前に、筍の実が傷つかない程度、1〜2cmほどの深さの切り込みを入れると、火が通りやすく、アクが抜けやすくなる。

◆山菜

「春の皿には苦みを盛れ」という言葉があります。苦みとは山菜や野草のことで、春は苦いものを食べましょう、という意味です。山菜は、食物繊維やカリウム、ミネラル類、ビタミン類が豊富で、冬に溜め込んだ脂肪や老廃物を排出する働きがあります。冬の体から春の体に切り替えるための食材を自然が準備してくれているのです。

春の兆しに真っ先に顔を出すふきのとうや、「山菜の王さま」と呼ばれるたらの芽、部位ごとに味わいを楽しめるうどのほか、菜の花、ふき、ぜんまい、わらび、つくしなど、春の味わいは彩り豊か。揚げたり、茹でたり、炒めたり、調理法はシンプルでOK。美味しく食べて、しっかりデトックスしましょう。

うど

色白のうどはクセが少なく、穂先や茎は天ぷらに、皮はきんぴらに、内側はスライスして酢味噌和えやサラダに。

ふきのとう

天ぷらが定番ですが、炒めて味噌と混ぜ合わせて作る「ふき味噌」も、ごはんのおともにぴったりです。

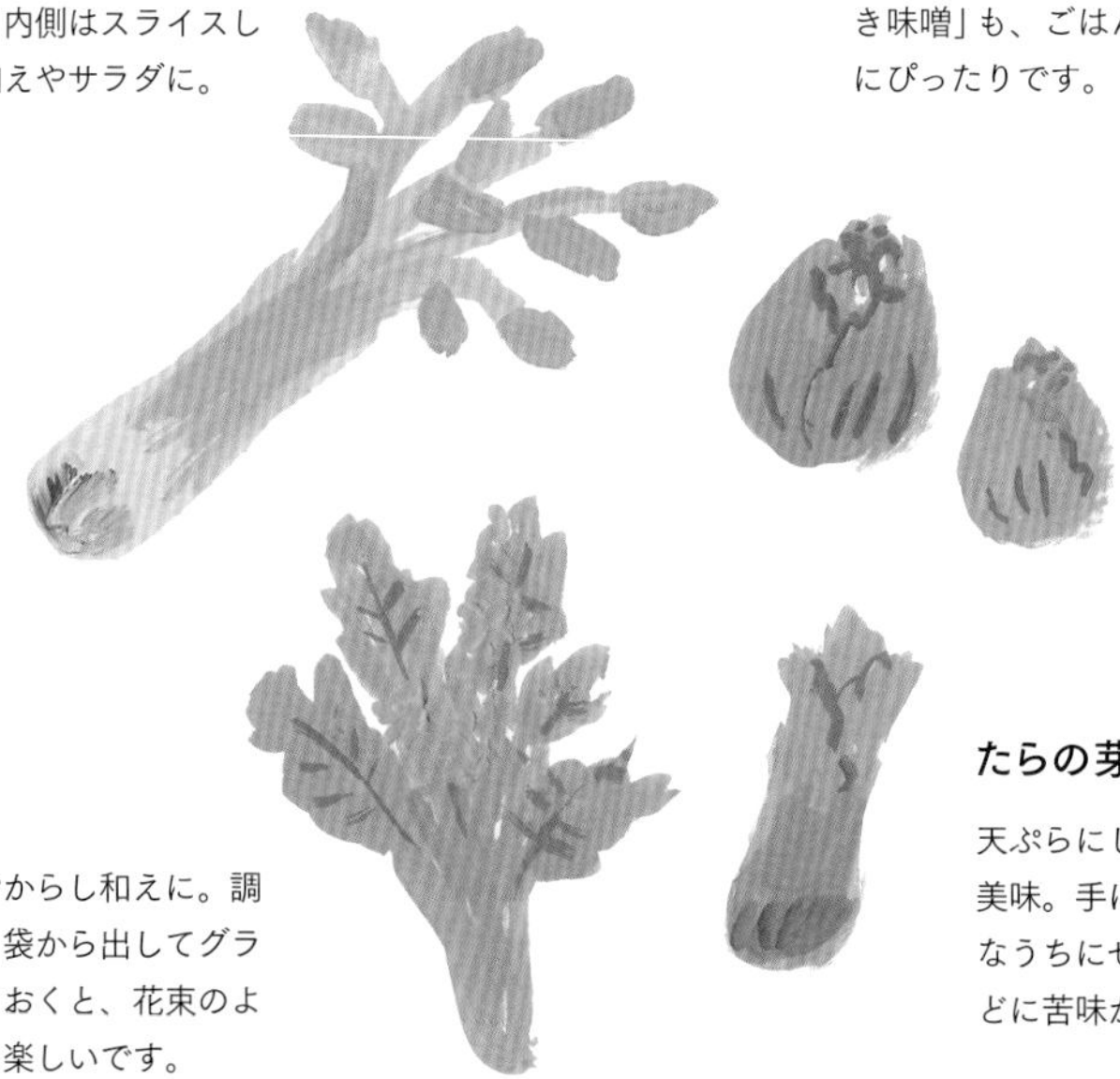

菜の花

おひたしやからし和えに。調理の前に、袋から出してグラスに生けておくと、花束のようで目にも楽しいです。

たらの芽

天ぷらにして塩でいただくと美味。手に入れてすぐ、新鮮なうちにぜひ。置いておくほどに苦味が強くなります。

Column

［人物語り／2］

料理家・荒木典子さん

みんなでワイワイ食べて福を呼ぶ 旬の食材と行事食

写真は、十五夜の宴の様子です。メニューは、栗ご飯、鯖《さば》の竜田揚げ、きのこの天ぷら、白玉だんごを月に見立てたお吸い物。節分にはけんちん汁の具材をすべて真四角に切って升《ます》に見立てたり、夏越の祓にはゴーヤを茅の輪に見立てたり……。気のおけない仲間と季節ごとに集まる口実に、行事食を作るようになったという料理家の荒木典子さん。

「旬の食材や地方のお土産などを持ち寄る食事会は、『何を作ろう』と考える時から楽しいもの」と話します。昔ながらの行事食は、季節の食材をふんだんに使います。旬の一番美味しい時を味わえるだけでなく、手頃な価格で購入できるのもうれしいところ。また、「あの食材を使おう」とか「この行事に合わせたものを作ろう」など、献立決めを後押ししてくれることもあります。

秋の味覚を楽しむお月見の会の様子。

「行事食には、その行事ならではの食材があったり、『縁起物』といわれる食材を繰り返し使ったりしますが、行事食を食べる理由のほとんどが、『健康』と『厄落とし』。家族でも友人でも、食卓を囲みながら、自分と相手の幸せを願ってワイワイいただくのが行事食のだいご味だと思います」

Profile

荒木典子

神戸生まれ京都育ち。料理上手の祖母と母の影響で食に関心のある環境で育つ。大学卒業後、フランスへ留学。調理師免許を取得後、料理本の編集者を経て料理家として独立。メディア、企業へのレシピ提供、料理店の監修を行う一方で、東京で和食の教室を主宰。

五月

【皐月－さつき】

早《さ》月《つき》とも書く。早《さ》苗《なえ》を植える月。

May

	1日	2	3	4	5	6	7	8	9	10
新暦	1日	2	3	4	5	6	7	8	9	10
主な行事		八十八夜	◉憲法記念日	◉みどりの日	⊠端午の節供 ◉こどもの日					
二十四節気	穀雨（穀物を潤す雨が降る）									

躑躅《つつじ》

連なって花をつける「つづき」が語源といわれる。
万葉集より和歌に多く詠まれた花。

31	30	29	28	27	26	25	24	23	22	21	20	19	18	17	16	15	14	13	12	11
																			母の日（第二日曜）	
					小満（万物が成長する）											立夏（夏の始まり）				

◉国民の祝日　⊠五節供

※二十四節気やそれに関する行事、祝日の一部は、年によって日にちがずれることがあります

八十八夜

五月二日頃

「八十八夜」の「八十八」とは、立春から数えて八十八日目のことを指します。「八十八夜の別れ霜」といい、この日を過ぎると霜の害がなくなるため、種まきなどの農作業を始める目安の日と考えられてきました。末広がりで縁起がよく、漢字の「米」を分解すると、「八十八」になることから、「農の吉日」ともいわれています。

「♪夏も近づく　八十八夜」のフレーズで有名な唱歌『茶摘み』がありますが、五月初旬は新茶の収穫が盛んな時期。この日に摘み取ったお茶を飲むと長生きできるという言い伝えがあり、新茶を贈る習慣もあります。日本人は旬の走りをいただくことを昔から楽しんでおり、「初物七十五日」といって、初物を食べると寿命が七十五日延びるといわれてきました。

せっかくですので、八十八夜に家族や友だちとお茶の飲み比べをするのはどうでしょう。茶葉を取り寄せたり、おすすめの銘柄を持ち寄ったりして、お茶請けを考えるのも楽しそうです。室町時代には、「闘茶《とうちゃ》」といって、お茶を飲んで銘柄を当てる遊びが貴族や武士の間で大流行したそう。

今はトクホ（特定保健用食品）でも緑茶がズラリと並び、健康にいいイメージを持つ人も多いでしょう。日本に伝来した当初、薬として用いられていたという記述が残っています。冬の間に養分をたっぷり蓄えた八十八夜の頃の新茶は、とりわけ栄養豊富とされています。その恩恵に預かって、ちょっと一服、いかがでしょう。

端午の節供

《五月五日》

男の子の成長と幸せを願う日。五節供（P.13参照）の一つです。今は「こどもの日」として知られていますが、時代によって顔つきを変えてきた興味深い行事です。

端午の節句が行われる五月は、ちょうど田植えの季節。「早乙女《さおとめ》」と呼ばれる少女たちが、田植えに従事する前に菖蒲《しょうぶ》と蓬《よもぎ》で葺《ふ》いた小屋にこもってケガレを祓い、身を清める行事が五月五日に行われていました。この風習が中国の邪気を祓う風習と結びつき、菖蒲湯に入るなど、厄除けの習わしが生まれたといわれます。

男の子の節供になったのは、武士が台頭してきた鎌倉時代頃から。邪気を祓うとして重宝されてきた菖蒲が、「尚武（武を尊ぶ）」や「勝負」に音が通じること、また葉の形が刀に似ていることから、武士に好まれるようになります。兜《かぶと》や弓、太刀《たち》などの勇ましい道具が飾られ、男の子の健康と出世を祈る行事へと変わっていきました。

こいのぼりが揚げられるようになったのは、江戸時代になってから。江戸の町人のたちが、立身出世を願って掲げたといいます。最初は黒の真鯉一匹で、和紙のこいのぼりが用いられていたようです。

一九四八年からは「こどもの日」に。国民の休日の一つとなり、「こどもの人格を重んじ、こどもの幸福をはかるとともに、母に感謝する」日とされています。乙女に始まり、母まで。歴史と共にさまざまな意味合いに変遷してきた行事の代表といえそうです。

こいのぼり

こいのぼりは、江戸の町で出世魚として人気があった鯉をモチーフに、和紙ののぼりにしたのが始まりといわれています。「急流を登りきった鯉は龍になる」という中国の故事である『登竜門』をもとに、男児の立身出世を願って揚げられるようになりました。また、ことわざ「まな板の上の鯉」のように、まな板に載せられても覚悟を決めてジタバタしないことから、潔い魚として武士にも好まれていたのだそうです。

　こいのぼりの一番上ではためいているのは、滝や雲に見立てたとされている「吹き流し」。陰陽五行説（P.14参照）に基づき、青・赤・黄・白・黒の五色が用いられています。五色は五つの原素がそろった万物の象徴であり、最強の魔除けとなる色。吹き流しの上で回る矢車も、矢と「カラカラ」という音で邪気を祓うと考えられています。

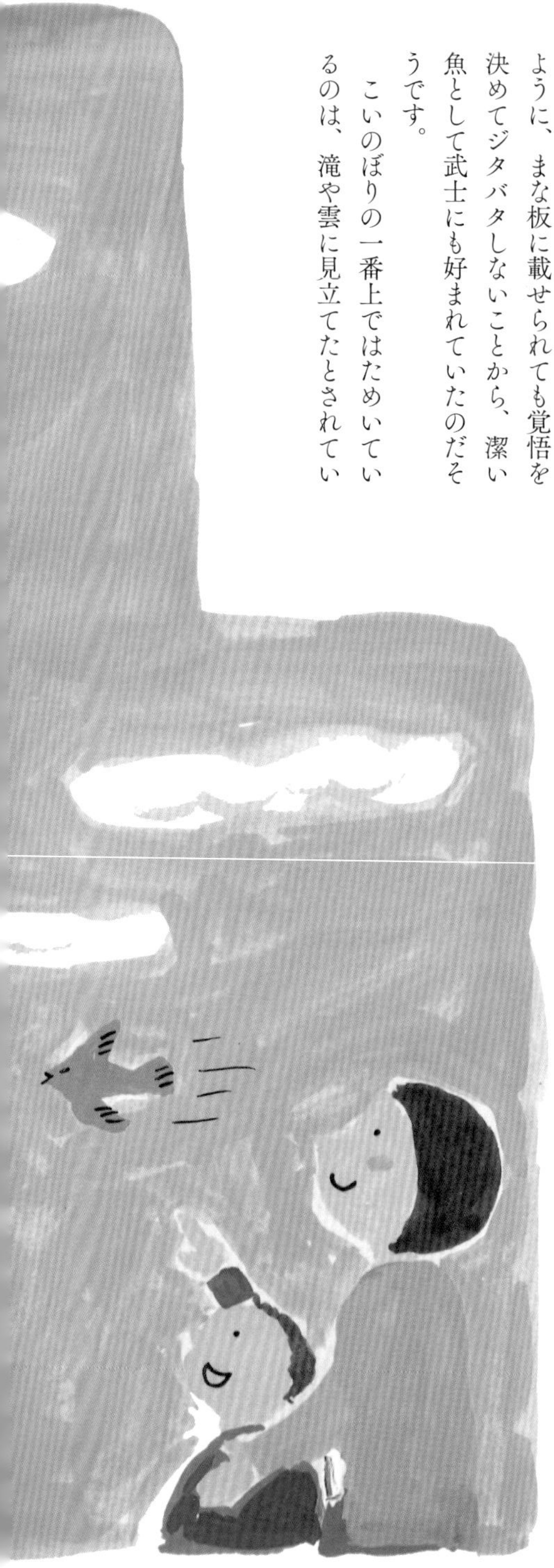

こいのぼり

江戸時代は和紙でできた黒い鯉の1匹だけでしたが、時代とともに布製になり、赤や青のこいのぼりが加わって、童謡「こいのぼり」に出てくるような家族構成になりました。

吹き流し・矢車

「子どもをお護りください」という願いが込められた五色の「吹き流し」や「矢車」の下で、こいのぼりは雄大に空を泳いでいるのです。

✪ 菖蒲《しょうぶ》

行事が行われていた旧暦の五月は、今の六月に当たる梅雨の時期。気候が悪く、湿気が多いためカビや雑菌も増えやすく、病気などにかかりやすい季節です。「悪月」「毒月」などとも呼ばれていました。

香りが強く、薬効が高い菖蒲は、邪気を払うために重宝されてきました。旧暦五月五日は、薬草狩りが行われており、「薬《くすり》日《び》」と呼ばれていたと『日本書紀』に記されています。

下のイラストで紹介したもののほかにも、頭につける「菖蒲葛《かずら》」や「菖蒲兜《かぶと》」、枕の下に入れる「菖蒲枕」などさまざまに利用されてきた菖蒲。特に香りが強いのは赤みのある根の部分。生薬としても使われます。気候の悪い時季に必要な植物を自然が用意してくれているのは、ありがたいことです。

菖蒲湯

菖蒲を束ねて、熱めのお湯に浮かべると、爽やかな香りが立ちます。リラックス効果と体を温める作用も。

菖蒲酒

菖蒲の根を薄くスライスして日本酒に30分ほど浸しておくだけ。さわやかな香りが移り、すっきりとした味わいになります。大人の楽しみに。

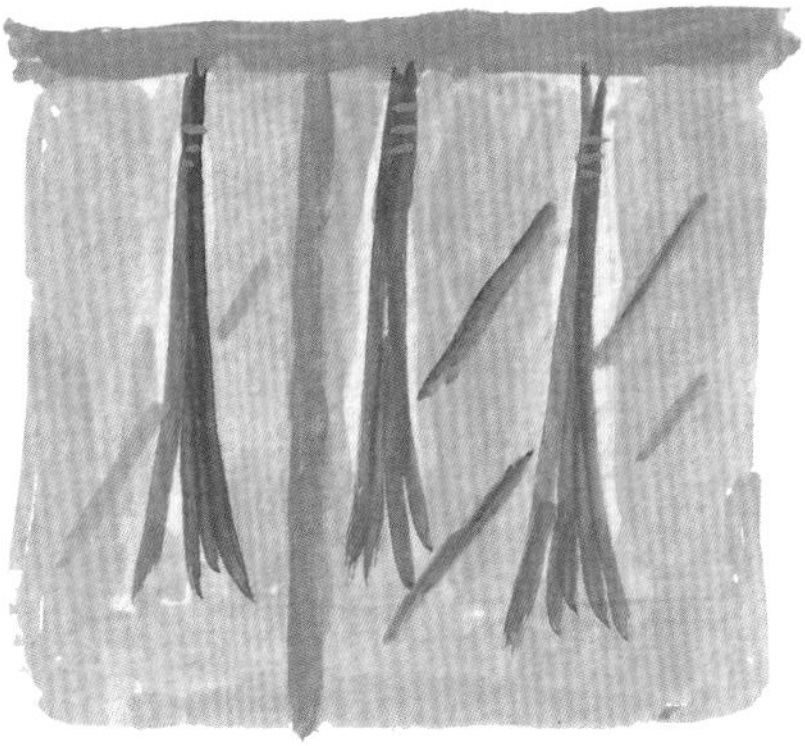

軒《のき》菖蒲

菖蒲や蓬を束ねて吊るします。本来は軒に吊るすものですが、窓枠にかけておくだけでも清涼感があります。

薬玉《くすだま》

菖蒲と蓬に、丁子(クローブ)などを紙で包んだものと五色の紐を結んで吊るし、厄除けにしたもの。9月9日の重陽の節供に茱萸《しゅゆ》袋とかけ替える習わしがあります。

菖蒲刀

今も昔も戦いごっこの好きな子どもたち。刀の形に似ている菖蒲で武士を真似して打ち合いして遊んでいたようです。

子どもと折り紙で兜を作るのも楽しいものです。ピシッと角をそろえて、丁寧に折るとカッコいい兜に。新聞紙など大きい紙を使うとかぶれるサイズになります。

✦五月人形

男の子が生まれたお祝いにと、初節供に用意されるのが五月人形。人形そのものだけでなく、鎧兜《よろいかぶと》、弓矢、太刀《たち》などの武具も総じて「五月人形」と呼ばれています。武具は、身を守るためのもの。「病気や厄災などから子どもを守ってくれますように」という願いが込められています。

鎧兜は、歴史上の名将のものを模したものも人気があるようです。「武者《むしゃ》人形」とよばれる人形では、「金太郎」や「鍾馗《しょうき》さま」が有名です。金太郎は実在の人物で、源頼光の四天王の一人、坂田金時《さかたのきんとき》の幼名。熊を友として育った健康優良児だった金太郎にあやかって、健やかな成長を願って飾ります。大きな目と長いひげの鍾馗さまは、中国の魔除けの神さまで、学業成就の神さまとしても知られています。

◆柏餅

日本のお祝いごとには餅がつきものです。端午の節供には柏餅。上新粉や白玉粉で作った皮であんこを包んで柏の葉で巻いたもので、葉は食べられません。柏の葉は、秋になっても枯れ落ちることなく、春に新芽が出てくるまで木についています。これを、子を守る親の姿に見立て、「子どもが無事に大きくなるように」と願って使われるようになりました。

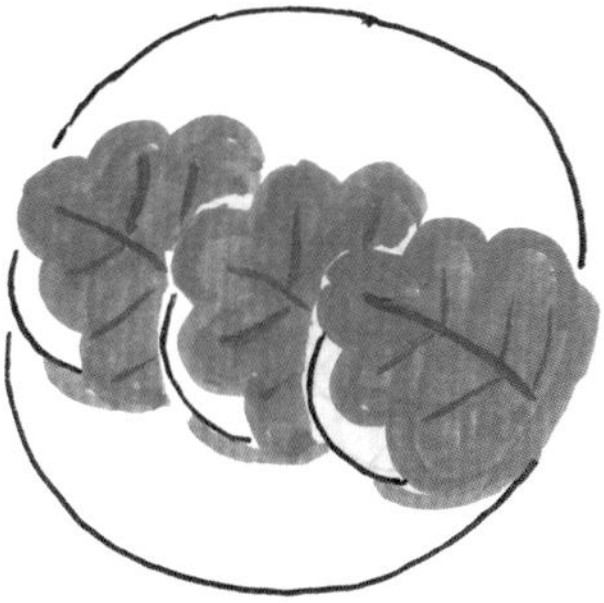

柏餅は、つぶあん、こしあんのほか、味噌あんも人気です。

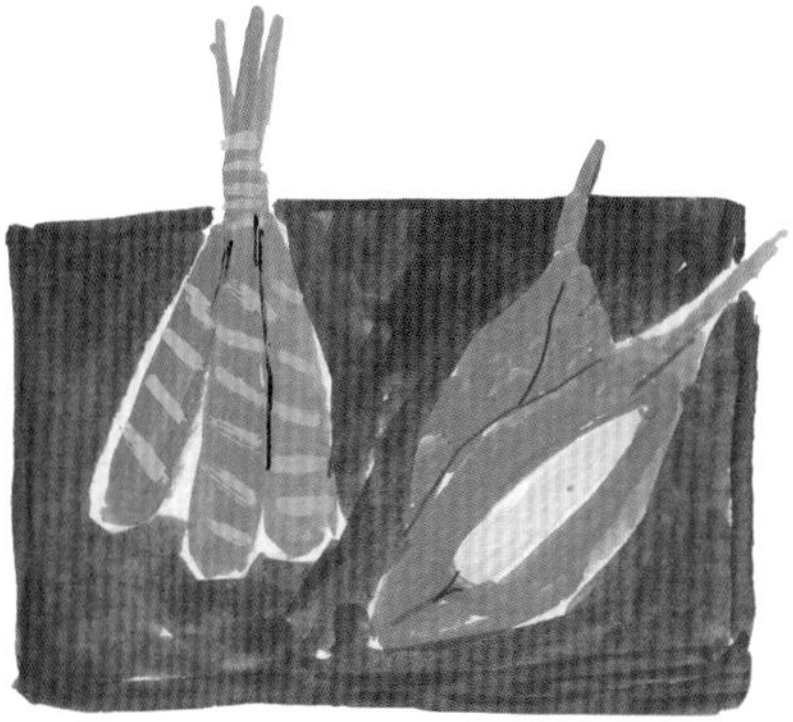

粽は関西でよく食べられるもので、おこわが葉に包まれたいわゆる「中華ちまき」とは別物です。

◆粽《ちまき》

餅米を笹や茅《ちがや》などの葉に包んで蒸した甘い餅菓子。粽を食べる習慣は、中国の故事に由来しています。楚の忠臣・屈原《くつげん》が、五月五日、国を憂いて川に投身。悲しんだ民が、命日に供養として米入りの竹筒を川に投げ込んだところ、屈原の霊が現れ、「供物を龍に食べられないよう楝樹《せんだん》の葉で包み、五色の糸で巻くように」と告げたという話です。「屈原のような立派な人に」との願いを込めていただきます。

六月

【水無月－みなづき】

水の月（無は「の」を意味する）。「田に水を引く月」の意といわれる。

新暦	主な行事	二十四節気
1日	衣替え	小満（万物が成長する）
2		
3		
4		
5		
6		
7		
8		
9		

June

紫陽花《あじさい》

6月の6のつく日に吊るすと
厄除けになるといわれる（紫陽花守り）。

30	29	28	27	26	25	24	23	22	21	20	19	18	17	16	15	14	13	12	11	10
夏越の祓									夏至					父の日（第三日曜）					入梅	
夏至（日が最も長くなる）										芒種（穀物の植え時）										

※二十四節気やそれに関する行事、祝日の一部は、年によって日にちがずれることがあります

入梅

六月十一日頃

六月は梅雨のシーズンです。沖縄や九州は五月半ば頃、東北では六月半ばと、各地で梅雨入りは異なり、年によっても違います。毎年、気象庁が梅雨入りを発表しますが、昔は二十四節気（P.10参照）の「芒種」の後の「壬《みずのえ》の日」を「入梅」とし、梅雨入りと定めていました。田植えの日取りを決めるのに、入梅は重要な目安でした。ちょうど梅の実が黄色く熟す頃に雨がたくさん降るので、「梅雨」と呼ばれるようになったといわれています。

この時季は、雨続きで湿度が高く、蒸し暑いイメージがありますが、急に気温が低くなることもあり、「梅雨寒《つゆざむ》」と呼ばれます。気温がぐんと下がり、四月中旬並みの寒さになることも。そうでなくても、梅雨はカビが生えやすく、体が不調になったり、洗濯物を外に干すタイミングがなかったりとあまり快適な季節ではありません。しかし、稲や農作物にとって、雨は大事な恵み。雨量が少ないと水不足になり、私たちの生活にも影響を及ぼす恐れがあります。

雨には雨ならではのよさもあります。濡れた紫陽花《あじさい》の美しさは格別。寺社では、この季節ならではの「花手水《はなちょうず》」が行われるところもあります。参拝前に口や手を清める手水舎《ちょうずしゃ》の水鉢などに、紫陽花などの鮮やかな花が浮かべられます。お気に入りの長靴や傘を身につけて、訪れるのもよいでしょう。もちろん、家にこもって手仕事に精を出すのも雨の日の有意義な過ごし方です。

梅しごと

梅干し、梅シロップ、梅酒、梅ジャム、甘露煮など、梅の実で保存食を作ることを「梅しごと」と呼びます。

梅雨に入る頃から、店先には一キロ入りの袋に入った梅や保存容器などが並び始めます。梅の品種も多種多様で、和歌山県が誇る最高級梅「南高梅」や、〝青いダイヤ〟と呼ばれる「古城《ごじろ》梅《うめ》」、神奈川県・小田原の優秀な梅干し用の「十郎梅」、梅酒に向くという関東の「白加賀」など、気になる梅を取り寄せてみてもよいでしょう。黄色い完熟梅は梅干しに、青梅はジュースやシロップに向いているといわれています。

梅しごと初心者は、梅シロップがおすすめ。漬けてから二週間で美味しく飲めます。少量からでも作れるので、一キロから始めてみませんか？

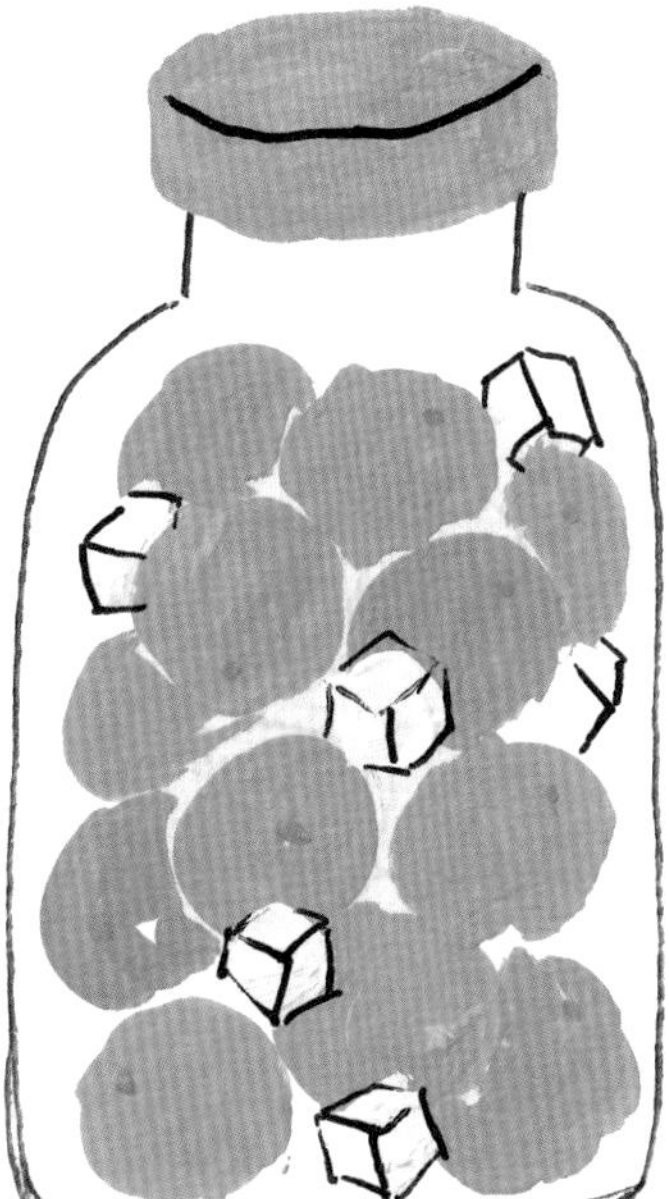

梅シロップの作り方

青梅と同量の砂糖を用意します。氷砂糖、てん菜糖、きび糖など好みの砂糖でOK。青梅は水で丁寧に洗い、ヘタを竹串などではずし、よく水気を拭き取ります。熱湯などで消毒した保存容器に、梅と砂糖を交互に入れてふたをします。1日に2～3回ぐるぐる瓶ごと回し、砂糖を溶かします。2週間くらい経ったら飲み頃。水や炭酸で割って、梅ジュースに。1カ月ほどしたら梅は取り出し、つぶして煮詰めれば、梅ジャムになります。

梅干し

「1日1粒で医者いらず」「梅は三毒を絶つ」などといわれ
古くから健康によいとされてきた梅干し。
ここでは基本の作り方を紹介しますが、レシピは人それぞれ。
赤じそを入れない、塩分控えめ、焼酎を使う、
梅を干さない、はちみつを入れるなど、実にさまざまです。
好みのレシピを求めて試行錯誤しながら、我が家の味を目指しましょう。

◈材料（塩分18%）

完熟梅 ………………………… 1kg
塩（梅用）…………………… 180g
赤じそ ……… 一束分（約150g）
塩（赤じそ用）……………… 50g

保存袋、バット、重石（2ℓの水を入れたペットボトル）、ざるなど

完熟梅の選び方と扱い方

- 黄色く熟しており、桃のような甘い香りがするものを選ぶ。
- 買ったら早めに作業をする。放っておくと鮮度が落ち、傷みの原因に。
- 青梅は、湿気がこもらないよう、ざるなどに並べて置いておくと追熟して黄色くなる。

❖作り方

❶ 完熟梅を水に入れて丁寧に洗い、ヘタを竹串などではずし、よく水気を拭きとる。

❷ 保存袋に梅を並べ入れ、上から塩をかぶせてきっちり封をし、バットなどにのせる。2ℓの水を入れたペットボトル（梅の倍量の重さ）を袋の上に載せて重石にする（上にもバットをかぶせて重石を載せると安定する）。

❸ 塩がまんべんなく行き渡るよう、時おり上下を返して3、4日ほどおくと水分（梅酢）が出てくる。

❹ 赤じその葉を摘んでよく洗い、塩の半量（25g）でよくもむ。赤黒い水分（アク）が出てきたら捨て、また塩を加えてよくもむ。出てくる色が鮮やかな赤になるまで繰り返し、最後はしっかりと水気を絞る。

❺ ❸の梅酢を100mℓ程度取り出し、❹と合わせる。梅酢に赤じその色が行き渡るようにしっかり混ぜたら、梅に赤じそがかぶさるように入れてしっかり封をする。1.5ℓ弱の水を入れたペットボトル（最初の2/3程度の重さ）を載せて重石にする。

❻ 梅雨が明けて晴れが続きそうな日に、❺から梅と赤じそを取り出し、ざるに並べて3日ほど干す。干し終えてすぐでも食べられるが、3カ月くらいからさらに美味しくなる。

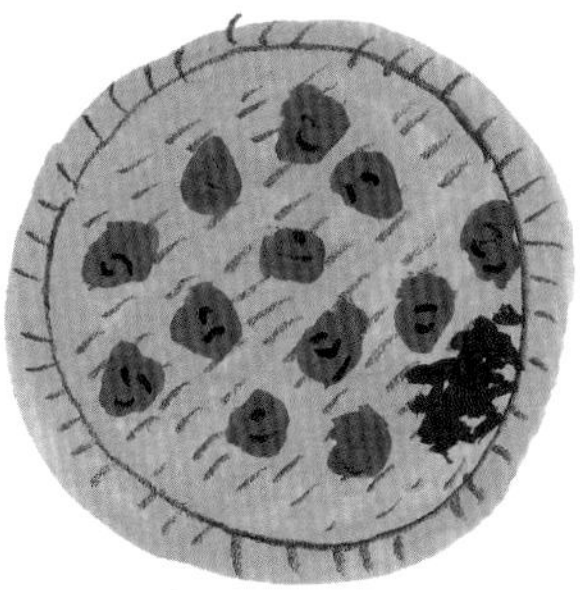

1日1度は梅を返して様子をみる。乾かしすぎてカラカラにならないようにする。

うれしい！
梅干しのおまけ

最初に上がってくるのが「白梅酢」（手順❸）、赤じその葉と混ぜたのが「赤梅酢」（手順❺）。どちらも調味料になります。赤梅酢は野菜を漬けるとピンクでかわいい漬け物に。炭酸や水で割って熱中症予防に飲むのもよし。ただし塩分が強いので気をつけて。

夏至

六月二十一日頃

夏至は、一年で最も日が長く、夜が短い日。暦の節目である「二至二分」（P.12参照）の一つです。日が最も短い冬至（十二月二十一日頃）と比べると、四時間五十分ほども日が長くなります。北極圏や北欧の国では、一日中太陽が沈まない白夜が訪れ、夏至祭が行われます。

　秋田県鹿角《かづの》市に、縄文時代後期のものとされる大規模な遺跡「大湯《おおゆ》環状列石」があります。石の配列をたどると夏至の日没方向と一致する部分があり、古来、夏至は太陽の動きを知る上で大切な日だったことがわかります。こうした古代遺跡は日本のみならず世界中に多くあり、イギリスの「ストーンヘンジ」が特に有名で、夏至には多くの人が訪れます。

　日本が中国より影響を受けた陰陽説（P.14参照）では、太陽が出ている時間が最も長い夏至は、「陽」の気が最大になる時とされています。これから「陰」へと切り替わる転換点ですが、季節的にはこれが夏本番。気合が入る人も多いでしょう。しかしながら、バランスも大事。暑さでオーバーヒートしないようにペースを少しゆるめ、一息つくのもよいかもしれません。

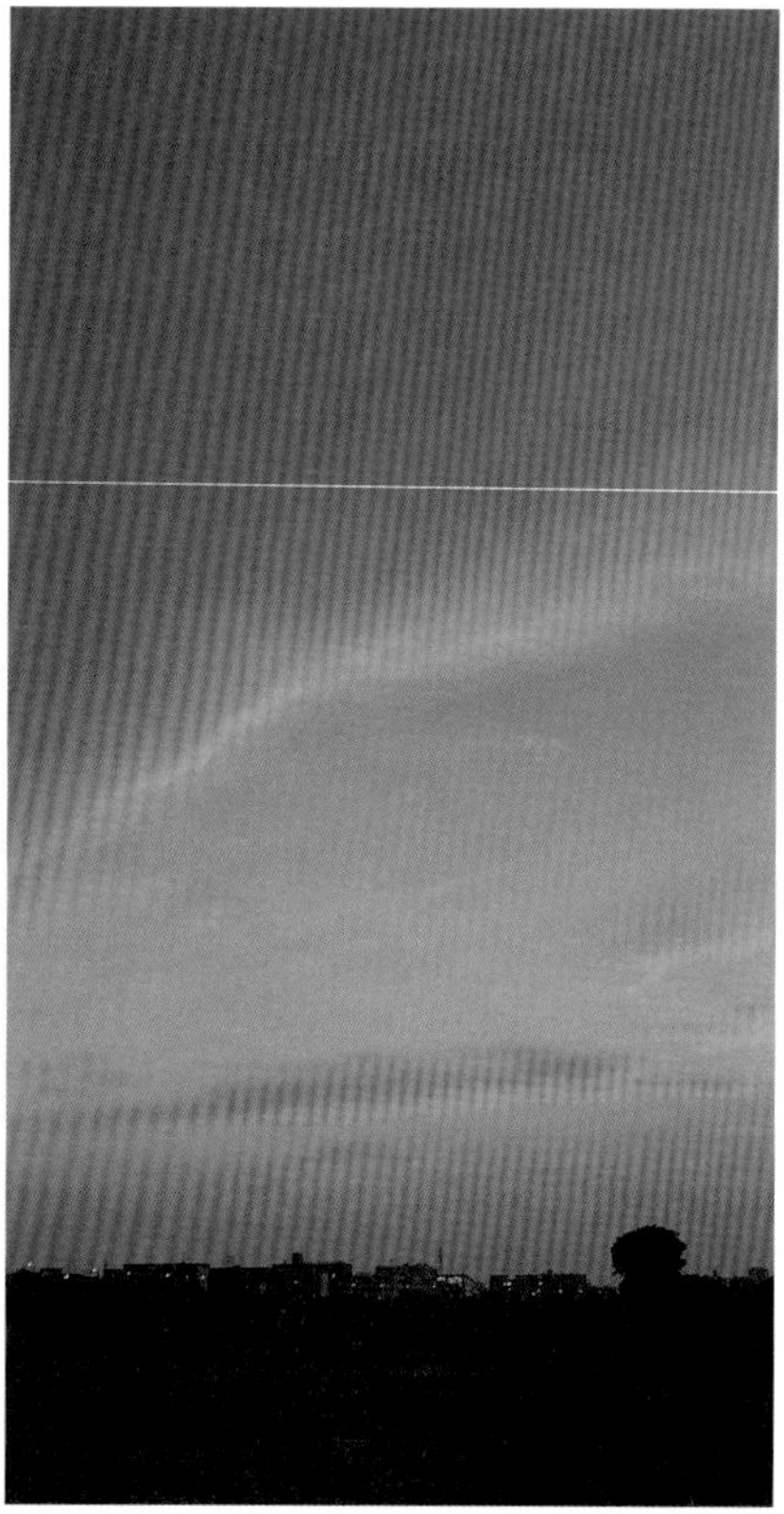

夏越《なごし》の祓《はらえ》

六月三十日、七月三十一日

夏越の祓は、大晦日《みそか》に行われる「年越の大祓」とともに、半年に一度行われる祓いの行事です。旧暦に合わせて月遅れで七月末に行う、あるいは立秋の前日に行う神社もあります。一年の前半が終わるタイミングで、半年分のケガレを祓い、「夏を無事に越して、残りの半年を難なく過ごせますように」と、無病息災を祈ります。「無病息災」の「息」は留めるという意味で、「災いが起こらないように留めておく」ことを意味します。

神社に、茅《ちがや》と呼ばれる長い草を束ねて作った大きな「茅の輪《ちわ》」が設置されているのを見たことはありませんか。これは、奈良時代に編纂された『備後《びんごの》国風土記《くにふどき》』の中に由来があります。昔、須佐之男命《スサノオノミコト》が、貧しいにもかかわらず一泊させてくれた蘇民将来《そみんしょうらい》に御礼として茅の輪を身に着けるように教えたことで、蘇民将来の一家が厄災を逃れたという話です。はじめは、小さな茅の輪を腰につけていましたが、しだいに大きくなり、今の形になりました。

茅の輪くぐりでは、八の字を書くように左右にくぐってからお詣りします。また、人の形をした紙の形代《かたしろ》で体をなでてケガレを移し、水に流して厄落としをします。茅の輪は自由にくぐってお参りできますが、神事に参列自由のところも多いので参加してみるのもおすすめです。とても清々しい気分が味わえます。

京都などでは、この日に和菓子の「水無月」をいただくのが定番となっています。

水無月

旧暦の6月1日は「氷の節供」と呼ばれ、氷を口にして暑気払いをする日でした。
当時、氷は大変な貴重品。そこで生まれたのが「水無月」と呼ばれる和菓子です。
三角形は氷の形を、上の小豆は厄除けを表しています。
電子レンジで簡単に作れるので、ぜひ試してみませんか。

❖材料

白玉粉（米粉）………………… 40g
上新粉 ……………………… 150g
砂糖 …………………………… 50g
甘納豆（茹で小豆）……… 200g
水 …………………………… 300mℓ

耐熱容器（17cm×17cm、深さ5cm）
クッキングシート

❖作り方

❶ 白玉粉をボウルに入れ、水100mℓを少しずつ入れながら、潰すように混ぜる。

❷ 上新粉と砂糖を加え、水200mℓを入れてよく混ぜる。

❸ ❷から大さじ4杯程度を取り分けておき、残りはクッキングシートを載せた耐熱容器に漉《こ》しながら流し入れる（Point）。

❹ ラップをして、600Wの電子レンジに約4分間かけた後、上から甘納豆をまんべんなく載せる。

❺ ❹の上にまんべんなく広がるように、取り分けておいた生地を全体にかけて、600Wの電子レンジで約3分間加熱する。

❻ 完全に冷えたら、三角形に切ってできあがり。

Point

生地を型に流し入れる時は、ざるなどで漉すと舌触りのなめらかな美味しい水無月になる。

✪ 瓢箪《ひょうたん》

ユーモラスな形の瓢箪。種子や皮が貝塚や遺跡から見つかっており、縄文時代から生活に欠かせない植物でした。水や酒などを入れる容器として重宝されており、七味唐辛子入れに使われているのを見たことがある人もいるでしょう。

昔は瓢箪の空洞には神が宿ると考えられていました。また、蔓《つる》を伸ばして生長し、実をたくさんつける千成《せんなり》瓢箪は子孫繁栄を表すことから、次の世代へとつなぎ、万代（永遠）を表す縁起物として好まれてきました。

そんな瓢箪は、夏越の祓のしつらいにぴったり。「六つの瓢箪」を縮めて「六瓢《むびょう》」。音が「無病」に通じることから、無病息災をもたらすしつらいになります。

瓢箪は無病息災の縁起物。実物がなくても、色紙や和紙を瓢箪の形に切り抜いてカードに貼ったり、描いたりするのもよいでしょう。

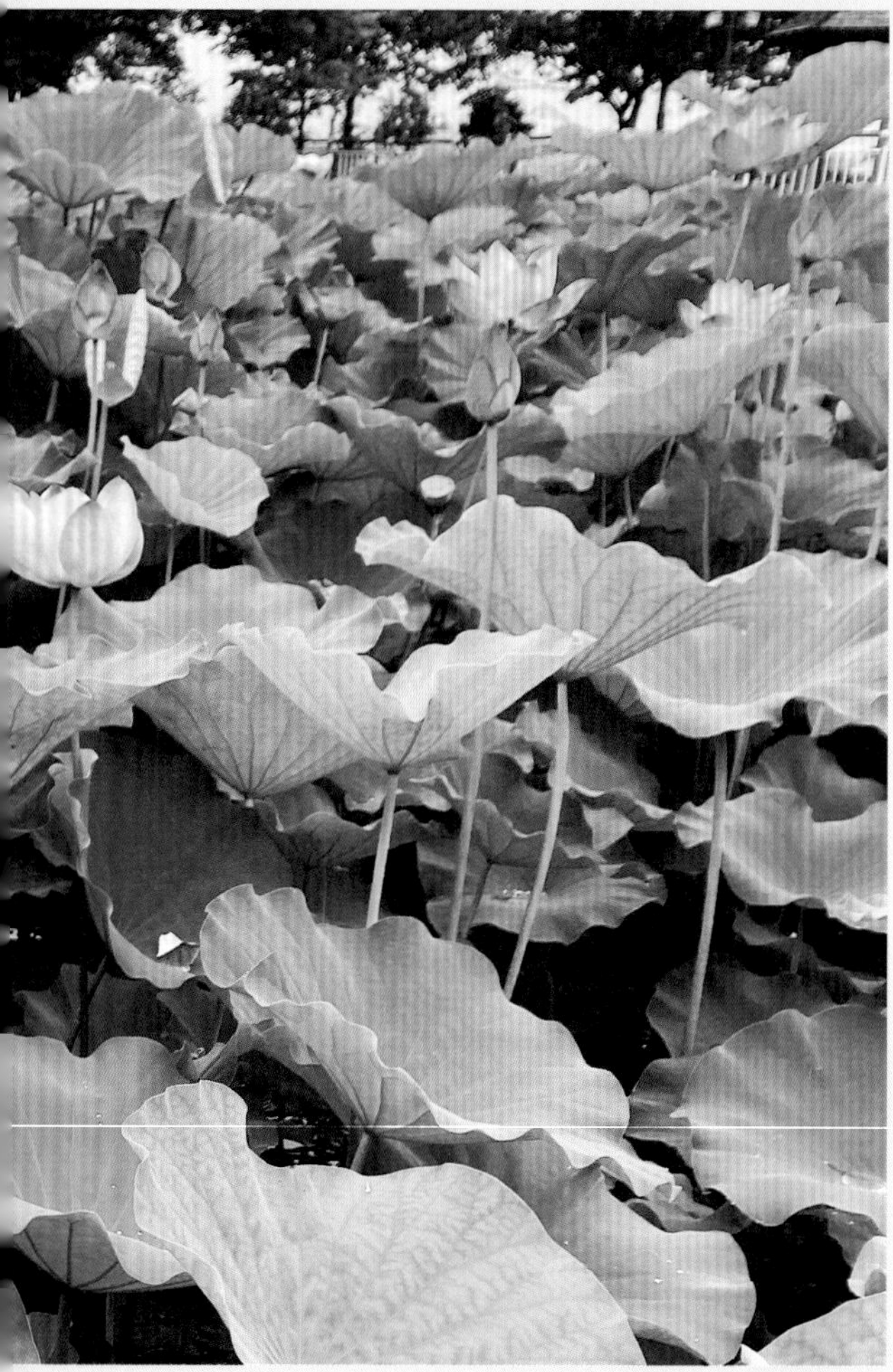

七月

【文月ーふみづき】

稲穂が実る月。「穂《ほ》含月《ふみづき》」より。

新暦	主な行事	二十四節気
1日	山開き	夏至（日が最も長くなる）
2	半夏生	
3		
4		
5		
6		
7	◎七夕	
8		
9		
10		

July

蓮《はす》
泥の中から咲くとは思えない美しい花を咲かせるが、
4日目には散ってしまう。

31	30	29	28	27	26	25	24	23	22	21	20	19	18	17	16	15	14	13	12	11
											夏の土用入り					◉海の日（第三月曜）				
				大暑（厳しい暑さ）										小暑（暑さの始まり）						

◉国民の祝日　⊠五節供
※二十四節気やそれに関する行事、祝日の一部は、年によって日にちがずれることがあります

半夏生《はんげしょう》

七月二日頃

夏至から数えて十一日後、七月二日頃から始まる七十二候（P.10参照）が、「半夏生（はんげしょうず）」です。日本特有の暦、雑節（P.13参照）の一つでもあり、この場合、読み方は「はんげしょう」となります。

薬草・カラスビシャクの別名「半《はん》夏《げ》」が「生える頃」という意味で、田植えを済ませる目安の時期を指します。半夏生を過ぎてから植えることを「半夏半作」と言って、収穫が半分になると考えられていました。田植えで忙しく働き、疲れた体を強制的に休めるためか、物忌みの日として働くことを禁じる地域もあります。

半夏生では、日本各地でさまざまな行事食が食べられます。高知県ではうどん、福井県では鯖《さば》、特に有名なのが、関西のたこでしょうか。たこの八本足の吸盤が吸いつく様子にあやかり、稲がしっかり根づくことを願って食べるようになったといわれています。「今年も美味しいお米が食べられますように」と願い、たこ料理を作ったり、たこをモチーフにしたものを飾ったりして過ごすのもいいものです。

なお、植物の半夏は日本国内に広く分布し、田畑のあぜ道などにも生えています。漢方薬などに利用されることから、農作業の合間に採って小遣い稼ぎをしたため「へそくり」の別名もあるとか。まぎらわしいですが、同じ頃に咲く「半夏生」という植物があります。上の葉が白くなることから「半化粧」とも書きますが、暦の半夏生の由来となった半夏とは全く別の植物です。

七夕

《七月七日》

　織姫と彦星のロマンチックな星祭りのイメージが強い七夕も、奥が深い行事です。そもそも「七夕」と書いて「たなばた」と読むのは、日本に古くからある「棚機津女《たなばたつめ》伝説」に由来しているといわれています。棚機津女とは、七月七日の夕べに水辺の小屋で、天から訪れる神さまに衣を織る乙女のこと。翌日には神さまが、衣と共に村人たちのケガレを持ち去ると考えられていました。

　七夕に願いごとをするルーツは、中国から伝わってきた行事「乞巧奠《きっこうでん》」。機織りの上手な織女にあやかって、裁縫がうま（巧）くなるように願い（乞）、供えて祀る（奠）という意味合いの行事です。江戸時代、寺子屋が増えたことから、習いごとや習字の上達を願うようになりました。七夕が「五節供」（P.13参照）に制定されたこともあり、七夕に願いごとをする習慣が庶民の間に広がっていきました。

　一方で、もともとのお盆は七月十五日頃で、七夕はちょうどお盆の一週間前。「七月盆」とも呼ばれ、お盆を迎える前の支度と祓いの日でもありました。墓掃除などをするほか、笹飾りを川に流して祓いをする「七夕送り」などが全国で行われていました。「青森ねぶた祭り」も、もとをたどれば七夕祭りの一つ。祭りの最終日に、ねぶたが海上を運行するのも、水で祓う七夕の行事と考えられます。

　また、七夕の頃は夏野菜や麦の収穫が始まる時期。採れたての作物を供え、収穫を祝う習わしもありました。

七夕飾り

七夕には、笹竹に願いごとを書いた短冊を吊るすのが定番ですが、このようなスタイルになったのは江戸時代。それまでは、梶の葉に詩歌などを書き、機織りの上達を願って五色の糸を供えていました（乞巧奠《きっこうでん》）。やがて梶の葉や五色の糸は短冊へと姿を変え、寺子屋ができる頃には、習字の上達を願うようになりました。

笹竹には短冊だけでなく、折り紙などで作った飾りをつけますが、「網」は大漁、幸せをすくいとる、「輪つなぎ」は天の川、人や夢がつながる、「ちょうちん」は明るく照らすなど、それぞれに込められた意味があります。

江戸の人たちは、無病息災を祈って「ひょうたん」、商売繁盛を願って「大福帳」や「そろばん」などの飾りをつけて、物干し台や庭に高く掲げていたそうです。

笹竹

生長が早く、真っ直ぐ天に向かって伸びる笹や竹は、神事によく使われます。笹や竹の葉がすれる音は、神さまを呼ぶ神聖なもの。小笹に五色の紐をキュッと結んでかけるだけでも素敵なしつらいになります。

五色の短冊

陰陽五行説（P. 14参照）では、五色そろうと万物を象徴する最強の魔除けとされています。五色それぞれに意味があるので、願いごとに合わせて、短冊の色を選ぶのもおすすめです。

里芋の葉

里芋の葉にたまった朝露で墨をすって文字を書くと、字が上手になるという言い伝えがあります。昔から字のうまさは、教養を表すとされ、出世にも関係するほど重視されていました。朝露は天の川の雫と考えられ、特別な力があると信じられていたそうです。葉の上を転がる露の玉は美しく、宝物を集めるように楽しかったことでしょう。

水盛り

深さのある器やたらいに水を入れて供える涼し気なしつらい。二つの星（牽牛星のアルタイルと織女星のベガ）が水に映ると願い事が叶うといわれる「星映し」としても知られます。梶の葉があれば、水の上に浮かべてみましょう。梶は舟の「舵《かじ》」と音が通じ、天の川を渡る舟とかけて、七夕のしつらいではよく用いられます。

里芋の葉

食べそびれた里芋から緑色の芽が出たらそのまま土に埋めると葉が出てきます。水耕栽培もできます。

水盛り

梶の葉の形に紙を切って、七夕飾りとしてしつらえても絵になります。

✦麦

七夕の行事食としては、そうめんが有名です。細長いそうめんを絹糸や天の川の流れに見立てて、スライスすると星の形になるオクラを浮かべるのもいいでしょう。そうめんは、小麦粉を縄のようにして編んだ「索餅《さくべい》」と呼ばれるお菓子が原形だとか。麦まんじゅうを食べることもあります。

✦夏野菜

旬の野菜や果物が収穫できたお祝いも、七夕行事の一つ。トマト、きゅうり、なす、すいかなどの夏野菜を、七夕にちなんで七つ盛ったり、五色そろえたりして供えます。自分で育てた野菜が入っていたらなおのこと素敵です。お供えした後は、美味しくいただきましょう。

麦

ビールも麦。収穫に感謝して一杯、というのも乙なものです。

夏野菜

色彩の美しい夏野菜はかごやざるなどに盛ってしつらいに。

お中元

七月一日から十五日頃（主に東北・関東地方）

夏の贈り物を総じて「お中元」といいます。もとは、中国の道教の「三元節」の一つ。上元は旧暦一月十五日、中元が七月十五日、下元が十月十五日で、それぞれ神さまの誕生日に当たります。中元は、善悪を分別し、人間の罪を許す神さまの生まれた日で、ちょうど同じ日に行われる日本のお盆と結びつきました。今のお中元は相手の好みなどを考えて自由に品物を選んで贈りますが、昔のお中元はお盆の贈答品。麦の収穫を祝ってそうめんなどの小麦粉を使ったものや、主に西日本では、「盆魚《ぼんざかな》」といって、鯖《さば》や鯛《たい》、鰤《ぶり》などを贈る、あるいはそれらを持って、実家や親戚を訪れる習慣がありました。ちなみに、「お歳暮」（P．132参照）は正月の贈答品で、お中元とセットのように考えられます。

　お中元を贈る期間は地方によって異なります。東北や関東地方などは七月十五日頃まで、北海道や東海地方、西日本の多くは七月中旬から八月十五日まで。九州は八月一日から十五日までなど、かなり慣習が違うので、配送前に送り先のことを一度確認してみてもいいかもしれません。いずれも期間を過ぎたら、暑中見舞いや残暑見舞いとして贈ります。とはいえ、あまり儀礼的にしなくても、お世話になっている方へ半年間の感謝を込めて、気軽に贈るのもよいでしょう。

　お中元をいただいたら、早めのお礼状や電話を忘れずに。お礼方々、近況を報告しあったりして、久しぶりに交流できるのもうれしいものです。

土用

七月二十日〜八月七日頃

土用といえば、「夏」「うなぎ」と連想されますが、実は、夏だけではなく、四季ごとに土用はあります。立春・立夏・立秋・立冬の前の十八〜十九日間が、土用。次の季節へとゆるやかにつなぐ期間です（P.12参照）。

土用の正式名称は「土旺用事《どおうようじ》」。「土《つち》」が「旺」盛に「用事」をする、つまり土の作用が強くなることを意味します。古代中国の陰陽五行説（P.14参照）による、植物を育む土には季節を生まれ変わらせる作用があるという考えがもとになっています。古くから土用の期間には造園作業や穴掘り、家の建設など、土を動かすことを避けてきました。

また、身体が季節の変化に対応しようとして、調子を崩しやすくなる時期です。とくに、夏の土用は、一年の中で最も暑さが厳しくなる時なので、夏バテ対策がポイント。江戸時代中期に活躍した学者であり発明家の平賀源内が、「土用の丑の日に『う』のつくものを食べると無病息災で過ごせる」という伝承をもとに、うなぎ屋に知恵をつけ、土用の丑の日にうなぎを食べる習慣が広まったといわれています。夏に売り上げの落ちていたうなぎ屋は「本日土用丑の日」の看板で大繁盛。今もこの時期、スーパーマーケットのうなぎ売り場は大にぎわいです。

また、梅雨明け後で日差しが強くなるので、湿った衣服や書物などを干す「土用の虫干し」の習慣も。梅干し作りも、塩漬けした梅を「土用干し」して、完成となります。

土用の養生

四季の土用それぞれに食べるとよいとされるものがあります。

夏の土用の期間には、「丑の日」に「う」のつくものや黒いものを食べると無病息災で過ごせるといわれます。一番有名なのは「うなぎ」。日本最古の歌集『万葉集』に、夏痩せした人にうなぎをすすめる歌があることから、奈良時代から、夏バテにはうなぎが食されていたと考えられます。また、食欲のない時でもつるっと食べられる「うどん」や、水分をたっぷり含む夏野菜「瓜《うり》」、塩分補給にピッタリの「梅干し」などがあります。ほかにも、「土用餅」「土用しじみ」「土用卵」「土用灸」、桃の葉などの薬草を浮かべた「丑湯《うしゆ》」など、夏バテを予防する工夫がたくさんなされていました。

土用卵

土用の期間に生まれた鶏卵。この時期の卵は特に栄養があるといわれています。

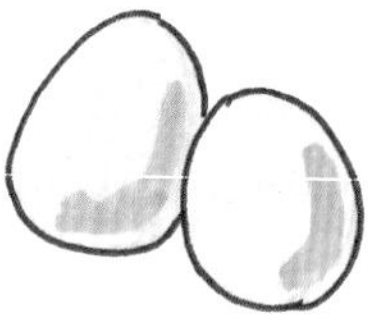

土用しじみ

しじみの旬は夏と冬。夏のしじみは身が大きく、栄養価が高いといわれています。

土用餅

あんころ餅。小豆の赤は厄除けの色で、無病息災を願って食べます。

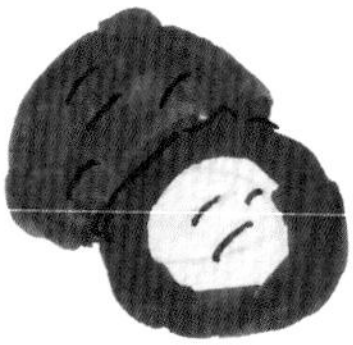

春・秋・冬の土用

【春土用(4/17～5/4頃)】
寒暖差や生活の変化でストレスがたまりがちな時期。「戌《いぬ》の日」に「い」のつくものや、白いものを食べる。いちご・いか・鰯《いわし》など。

【秋土用(10/20～11/6頃)】
夏のたまった疲れが出やすい時期。「辰《たつ》の日」に「た」のつくものや、青いものを食べる。大根・玉ねぎ・秋刀魚《さんま》など。

【冬土用(1/17～2/3頃)】
風邪やインフルエンザが流行する時期。「未《ひつじ》の日」に「ひ」のつくものや、赤いものを食べる。鮃《ひらめ》・ひじき・りんごなど。

梅干し

疲労回復や消化を助けるクエン酸が豊富。梅雨明けの強い太陽の下で「土用干し」をしてできあがります。

うどん

消化吸収がよく、胃腸が弱っている時のエネルギー源になります。

うなぎ

ビタミンやミネラルが豊富で、疲労回復や食欲増進が期待できるスタミナ食。

瓜

きゅうりやすいか、ゴーヤなどのウリ科の食材は、水分やカリウムが豊富。ほてった体を冷やす作用もあるとされます。

八月

【葉月―はづき】

木々の葉が落ちる、葉落ち月。

新暦	1日	2	3	4	5	6	7	8	9	10
主な行事										
二十四節気	大暑（厳しい暑さ）									

August

稲《いね》

稲作が始まったのは縄文時代から。
夏に小さくて白い花を咲かせる。

31	30	29	28	27	26	25	24	23	22	21	20	19	18	17	16	15	14	13	12	11
															←	終戦記念日		お盆		◉山の日
			処暑（暑さが和らぐ）												立秋（秋の始まり）					

◉国民の祝日

※二十四節気やそれに関する行事、祝日の一部は、年によって日にちがずれることがあります

お盆

八月十三日～十六日頃（七月十三日～十六日頃など）

お盆は、ご先祖さまの霊を家でもてなす行事です。「盂蘭盆会《うらぼんえ》」という仏教行事が由来の日本特有の行事です。「盂蘭盆会」の「盆」と、お供えのための器の「お盆」が重なって行事を指す言葉になったといわれています。盆棚を用意して、お供えや盆花、精霊馬《しょうりょううま》などを飾ります。お盆の初日（十三日）を「迎え」といい、夕方に火を焚くなどしてご先祖さまを家に迎え入れ、もてなします。お盆の最終日（十六日）は「送り」と呼び、火を焚き、ご先祖さまが無事にあの世に帰れるように見送ります。大文字で有名な京都府の「五山送り火」や灯籠《とうろう》を川や海に流す「精霊流し」もお盆の送り火です。

現在は、全国的に八月十五日を中心に行われるのが主流ですが、以前は七月十五日を中心とした行事でした。明治時代に新暦に変わった際、そのまま七月十五日で定着したのは主に都市部。今でも東京ではこの頃をお盆とする地域が多いです。一方で農村部は収穫作業で忙しいことから、八月十五日の月遅れのお盆が定着したようです。

また、健在な両親のもとへ帰り、食事をふるまったり、贈り物をしたりしてもてなす「生身魂《いきみたま》」という習わしもあります。実は、お土産を持って帰省し、元気な顔を見せることもお盆の行事の一つなのです。「盆と正月が一緒に来たよう」は、とても慌ただしいことのたとえです。うれしいことが重なるときにも使われます。古来、大切にされてきた行事であることがわかります。

◇ほおずき

オレンジ色が鮮やかなほおずきは、漢字で「鬼灯」と書き、「灯籠《とうろう》草」という別名もあります。送り火、迎え火の見立てとして、ご先祖さまの足元を照らし、道に迷わないようにと願いを込めてしつらえます。東京・台東区の「浅草寺」では、毎年、お盆の直前に「ほおずき市」が開催され、朝から晩まで多くの人でにぎわいます。

ほおずき

盆棚に吊るすのが一般的ですが、火が使えない時、素焼きの器に盛って火の見立てに。

◇精霊馬《しょうりょううま》

夏野菜に割り箸や楊枝を差して、馬や牛に見立てたお供えを作ります。ご先祖さまがあの世とこの世を行き来するための乗り物になります。きゅうりは「早く来てほしい」から足の速い馬に、なすは「なるべくゆっくり帰ってもらいたい」という思いから牛に、みょうがはご先祖さまの到着を告げる鳥にそれぞれ見立てています。より速く移動できるとして、船や飛行機に見立てたものを作る人もいるそうです。

精霊馬

使用する素材に決まりはなく、稲わらや、イネ科の水生植物であるまこもなどで作るところもあります。

盆踊り

夏の夜に聞こえてくるお囃子《はやし》には、心惹かれるものがあります。全国各地にさまざまな盆踊りがありますが、鎌倉時代中期に活躍した僧侶・一遍上人《いっぺんしょうにん》が広めた念仏踊りが起源といわれています。そこに、庶民の間で流行った伊勢踊りや小町踊りが加わり、お盆の先祖供養と結びつきました。ご先祖さまに感謝し、霊をなぐさめ、彼岸に送り出すとともに、生きている喜びを表して自らの厄を祓う意味があります。

日本三大盆踊りといわれているのが、徳島県の「阿波踊り」、岐阜県の「郡《ぐ》上《じょう》踊り」、秋田県の「西馬音内《にしもない》盆踊り」。西馬音内は顔を隠して踊り、「亡者の踊り」との異名を持ちます。

あの世もこの世もご一緒に。お囃子に誘われて、輪に加わって踊るのも楽しいものです。

花火をへの掛け声「かぎやー！」「たまやー！」は、江戸時代に活躍した花火師の屋号「鍵屋」と「玉屋」のことです。

◆花火

一七三三年、大飢饉と疫病の流行を受けて、「両国川開き」で花火が打ち上げられたことが始まりです。大きな音をとどろかせ、空高く上がって閃光を放つ花火には、亡くなった人々の慰霊と悪霊退散への願いが込められています。その後、一時中断しながらも続けられ、一九七三年には「隅田川花火大会」と名称を変えました。

隅田川に限らず、水難や海難で亡くなった人のために打ち上げる「供養花火」をルーツにした花火大会は各地で見られます。盛大に夜空を彩る花火は、華やかでもあり、はかなくもあり。夏の終わりを感じさせます。

九月

【長月―ながつき】

「夜長月」より。稲穂が成長する意味の「穂長月」という説も。

新暦	主な行事	二十四節気
1日	二百十日	処暑（暑さが和らぐ）
2		処暑（暑さが和らぐ）
3		処暑（暑さが和らぐ）
4		処暑（暑さが和らぐ）
5		処暑（暑さが和らぐ）
6		処暑（暑さが和らぐ）
7		処暑（暑さが和らぐ）
8		
9	◎重陽の節供	
10		

September

金木犀《きんもくせい》

三大香木の一つ。彼岸花が咲き終わった頃にやさしく甘い香りが漂い始める。

30	29	28	27	26	25	24	23	22	21	20	19	18	17	16	15	14	13	12	11
				←			◉秋分の日			秋のお彼岸			十五夜（旧暦八月十五日）	◉敬老の日（第三月曜）					
秋分（昼夜が同じ長さに）								白露（朝晩の気温が下がる）											

◉国民の祝日　⊠五節供

※二十四節気やそれに関する行事、祝日の一部は、年によって日にちがずれることがあります

重陽《ちょうよう》の節供

九月九日

重陽の節供は、五節供（P.13参照）の一つで、中国から伝わってきた行事です。「重陽」は、「陽」が「重」なること。陰陽説（P.14参照）では、奇数が「陽数」で「九」は最大数ですから、九月九日は大変におめでたい日です。別名を「菊の節供」といい、不老長寿の力があるとされる菊にあやかって長寿を願います。菊の花を飾るだけでなく、花びらを散らした菊酒を飲んだり、湯船に浮かべて菊湯に入ったりと菊をさまざまに楽しみます。

中国の故事に、『菊水伝説』と呼ばれるものがあります。菊の花が咲き誇る水源から水を飲んでいた谷の人々は百歳を超える長寿であったという話で、古くから菊信仰があったことがわかります。日本でも、菊は天皇家の紋章やパスポートの表紙のマークにも使われるなど、桜と並んで国を象徴する花です。平安時代には菊のできばえを競う「菊合わせ」が流行し、江戸時代には菊で作った「菊人形」などを見物する「菊見」が大人気でした。今も秋には、各地で菊花展などが行われています。

菊は、仏花のイメージがあるかもしれませんが、昨今、種類が増えています。花名に「マム」とつく種類は、ヨーロッパなどで品種改良したもの。好みの菊を飾ってお祝いするのも素敵です。また、桃の節供（P.46参照）で飾ったひな人形を再び飾ってお祝いする「後《のち》の雛」と呼ばれる風習や、栗ごはんを食べたりする習わしも。庶民の間では収穫祭と結びつき、「お九《く》日《ち》」として祝われています。

✪菊

重陽の節供では、菊の生花はもちろん、菊の器や帯、手ぬぐいなど菊にまつわるものをたくさん集めた「菊づくし」と呼ばれるしつらいがあります。長寿を願い、祝う気持ちを色とりどりの菊で表してみましょう。

菊は食べても美味しいのがうれしいところ。食用菊の生産量が最も多い山形県産の品種「もってのほか」が有名です。さっと湯がいておひたしや酢の物などに。クセもなくシャキシャキして美味で、黄色や紫など鮮やかな色が食卓を彩ります。花びらを日本酒に浮かべた菊酒と一緒にいただくのもいいでしょう。また、この時期、和菓子屋には、「はさみ菊」など菊をモチーフにした上生菓子をはじめ、干菓子や落雁なども並びます。

菊の被《き》せ綿《わた》

菊の花に真綿をふわっとかける「被せ綿」。真綿は蚕の繭《まゆ》を茹でてから引き伸ばしたもので、絹のこと。薄く伸ばして菊の花にかぶせます。平安時代、被せ綿は重陽の前日に行い、夜露で菊の成分が移った被せ綿で肌をぬぐうと若返ると信じられていました。

十五夜

旧暦八月十五日（九月中旬から下旬頃）

十五夜は、お月見の行事。「中秋の名月」とも呼ばれ、この日の満月は一年で最も美しいといわれています。旧暦（P.9参照）で行われる数少ない行事で、新暦を使う現代では年ごとに十五夜に当たる日にちが変わります。

十五夜に月を愛でる雅な行事は中国の「中秋節」に由来しますが、日本では、秋の収穫を祝うお祭りの日でもありました。十五夜の時期に里芋が収穫できることから「芋名月」とも呼ばれます。無事に収穫できたことの感謝を込めて、「お月さま」に向かってすすきやだんご、畑で取れた収穫物を供えます。昔はお月見の日はお供えをどろぼうしても、神さまが来たと喜ばれたという話もあります。子どもたちがだんごをつまみ食いしても、この日ばかりは怒られなかったそうです。

十五夜の頃は、夕暮れ時になると、東の空から丸い月が上ってくるのが見られます。最初は夕焼けの色を受けて赤みがかり、高く上るにつれて鮮やかに輝きます。澄み渡った空の月もいいですが、雲間からのぞく月もまたドラマチック。雨で月が見えないことは「雨月《うげつ》」と呼びます。見えなくてもそこにいる気配を感じさせる風情のある言葉です。

「春は花、秋は月」といわれるほど、月は秋の名物。ちょうどスズムシなどの秋の虫たちも涼やかに鳴く頃です。お花見をするように、美味しい秋の味覚を並べて、夜風に当たりながらゆったりとお月見を楽しんでみてはいかがでしょう。

✪月待ち

かつては、月を見るだけではなく、月の出を待つこと自体に意味がありました。江戸時代には、「月待ち」や「月待講」など、月を待つ集まりが盛んに行われました。もとは、十三夜や十五夜、十七夜、二十三夜など決まった月齢の夜に人々が集まって月を拝んで念仏を唱える信仰的なものでしたが、やがて飲んだり食べたりしながら月の出を待つ娯楽的な集まりになりました。

月を待つ気持ちは、月の名にも表れています。十七夜は「立待《たちまち》月」、十八夜は「居待《いまち》月」、十九夜は「寝待《ねまち》月」、二十夜は「更待《ふけまち》月」。月の出が日を追うごとに遅くなり、立ったり座ったりして待っていたのが、横になって待ち、夜更けになってようやく出てくる。それでも待って見ていたいという、月への想いを感じさせる名前です。

月がゆるやかに上っていくのを待つ「月待ち」。気忙しく過ごしている日々の中、時には月をのんびり眺めるような、ゆったりした夜の過ごし方もいいものです。

✪すすき

お月見の飾りに欠かせないすすきは、秋の七草（P.113参照）の一つです。神さまが降り立つ依代《よりしろ》として、収穫に感謝して供えられます。稲がまだ収穫時期に入っていないため、穂が垂れているすすきを稲穂の見立てとして使い、収穫物の豊作を祈るともいわれます。葉が鋭いことから、別名を「手切草」ともいい、魔除けや厄除けになるとも考えられていました。

十五夜では十五本、あるいは五本を生けます。花屋でも売られていますが、野に生えている方がのびのびしているようにも感じます。庭や畑などから採れたら最高です。生ける時は、穂が開き切っていないものを選びましょう。最も長く、まっすぐ伸びる一本を真ん中に。天に向かってスッと高く伸びるイメージで生けます。

すすきの別名は「尾花《おばな》」。ふさふさした穂が馬の尾に似ていることからその名がついたとか。江戸時代の俳人による「幽霊の 正体見たり 枯れ尾花」という有名な句は、怖いと思っているとなんでもないものまで恐ろしく感じてしまうことのたとえとして使われます。

月にいるウサギが餅つきをしているといわれるのは、ウサギが不老不死の薬草を臼と杵でついているという中国の言い伝えがもとになっています。薬が餅に変化した理由は、「満月を望月《もちづき》と呼ぶから」「五穀豊穣を祝って餅をついているから」など諸説あります。

✦ウサギ

月にウサギがいる理由は、インドの仏教説話にあります。昔々インドに、互いを敬いながら修行に励んでいるサル・キツネ・ウサギがいました。帝釈天（仏さま）は、三匹の心を試そうと、弱々しい老人の姿となって「自分を養ってほしい」と頼みます。サルは木の実を、キツネは魚を差し出しますが、何も採れないウサギは、自分の身を食べてもらおうと、火の中へ飛び込んでしまいます。帝釈天は、自分を犠牲にして人を救おうとしたウサギのことを伝えるため、姿を月に写したということです。

十五夜には、ウサギのモチーフがあれば一緒に。「ウサギの歯磨き」と呼ばれる植物「木賊《とくさ》」を生けるのも気が利いています。

✪芋名月

十五夜の頃は里芋の収穫期であることから、十五夜の別名を「芋名月」といいます。今は、芋と聞くとさつまいもやじゃがいもを連想しますが、かつては芋といえば里芋のことを指しました。稲作が始まる前の主食だったという説もあり、古くから重宝されてきたことがわかります。子芋や孫芋がたくさんつく里芋は、子孫繁栄の象徴といわれ、おせち料理のお煮しめやお雑煮にも使われる縁起のいい食材です。

十五夜では、皮つきのまま洗い、ざるなどに盛ってお供えします。収穫に感謝して、さつまいもや季節の果物を盛り合わせても豪華でお祝いらしくていいものです。関西地方では、月見だんごとして、里芋の形をしたあんこのついただんごを食べるところもあります。

衣被《きぬかつぎ》

十五夜の定番は、「衣被」。平安時代の高貴な女性が顔を隠すための衣装、「絹かずき」と似ているところから名前がつきました。作り方は簡単。里芋の上下を切り落とし、皿に置いた時に上になる方の皮をぐるっと1～2㎝程度むき、柔らかくなるまで蒸して（レンジでも）、黒ごまと塩を散らせば完成。田楽味噌にけしの実を散らしても美味しいです。食べる時は皮をぎゅっと押さえればつるんとむけます。

手しごとを楽しむ

月見だんご

十五夜にちなんで、だんごの数は15個か5個で。
お皿もいいですが、三方という白木の道具にのせると、
グッとお月見らしい雰囲気になります。
お月さまに供えた後、きなこやあんこで食べましょう。

❖材料（15個分）

だんご粉 ………… 100g
砂糖 …………………… 10g
水 ………….. 70〜80cc
きなこ、あんこなど

❖作り方

❶ だんご粉と砂糖をボウルに入れ、水を少しずつ入れる。耳たぶのかたさになるまで手でこねて、一つにまとめる。

❷ 生地を棒状に伸ばし、15等分になるようにちぎったら、手のひらでまん丸に丸める。

❸ ❷を沸いた湯の中に入れ、だんごが浮いてきてから3分ほどそのまま茹でる。

❹ 茹であがっただんごを湯から取り出し、冷水に入れて粗熱を取り、ざるで水気を切る。お供えに盛る時は、水気をしっかりふき取り、片栗粉などをまぶすとくっつきにくい。

Point

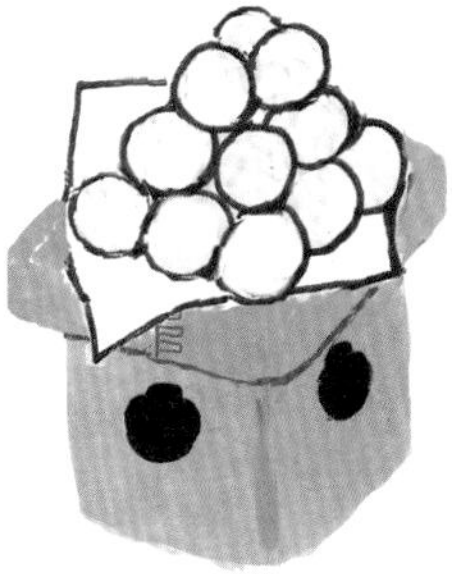

15個の場合は3段に盛る。1段目に9個、2段目に4個、3段目に2個。だんご同士はくっつけて、2・3段目はだんごの間にのせるように。5個の場合は、4個並べた上に1個をのせる。

秋のお彼岸

≪秋分の日（九月二十三日頃）の前後三日間≫

秋分の日を中心に前後三日間の一週間が、秋のお彼岸です。秋分の日は、昼と夜の長さがほぼ同じとなり、太陽が真東から上り、真西に沈みます。この日、東のこの世と西の極楽浄土が通じると考えられ、先祖や亡くなった人を想って供養をします。

お彼岸の期間には、お墓参りをする習慣があります。宗派などにもよりますが、仏教では三具足《みつぐそく》と呼ばれる線香、ろうそく、花を持ってお参りをするのが基本です。「仏さまは香りを食べる」ともいわれ、お線香は欠かせません。余談ですが、お葬式の時の「香典」はもともと「香奠《でん》」と書き、お金ではなく霊前にお香を供えていたことに由来しています。

お彼岸には先祖の霊が家に帰ってくるともいわれ、仏壇をきれいに掃除してお迎えします。三具足のうち、真ん中に線香を。右にはろうそく、左に花を生けるのが基本です。ほかにもおはぎや故人の好物などをお供えしましょう。仏壇のある家も少なくなったかもしれませんが、毎朝水を取り替えて、手を合わせるのも気持ちがいいものです。かつてはお米を炊いたら食べる前に供え、お菓子などのいただきものは先に仏壇に供えることが当たり前のように行われていました。

秋のお彼岸の頃に決まって咲くのが、赤くあでやかな「彼岸花《ひがんばな》」です。「暑さ寒さも彼岸まで」の言葉の通り、残暑の厳しさも和らいできます。日ごとに日暮れも早くなり、秋が徐々に深まります。

✪秋の七草

春の七草（P.29参照）と同様に、秋にも七草があります。春は七草がゆに使う野草ですが、秋は野に咲く花を指します。

日本最古の歌集『万葉集』には、山《やまの》上憶良《うえのおくら》が詠《よ》んだ「秋の野に 咲きたる花を指折《およ》り かき数ふれば 七種《ななくさ》の花」という句が載っています。この句に継ぐ形で「萩の花 尾花 葛花 なでしこの花 女郎花《おみなえし》 また藤袴 朝貌《あさがお》の花」とも詠《よ》んでおり、秋の七草が挙げられています。尾花はすすきのことで、朝貌は朝顔ではなく、桔梗《ききょう》のこととされています。

秋の七草は、いずれも主役になるような派手な花ではなく、控えめで可憐な印象。野の花なので、探してみたら近所で見つかるかもしれません。

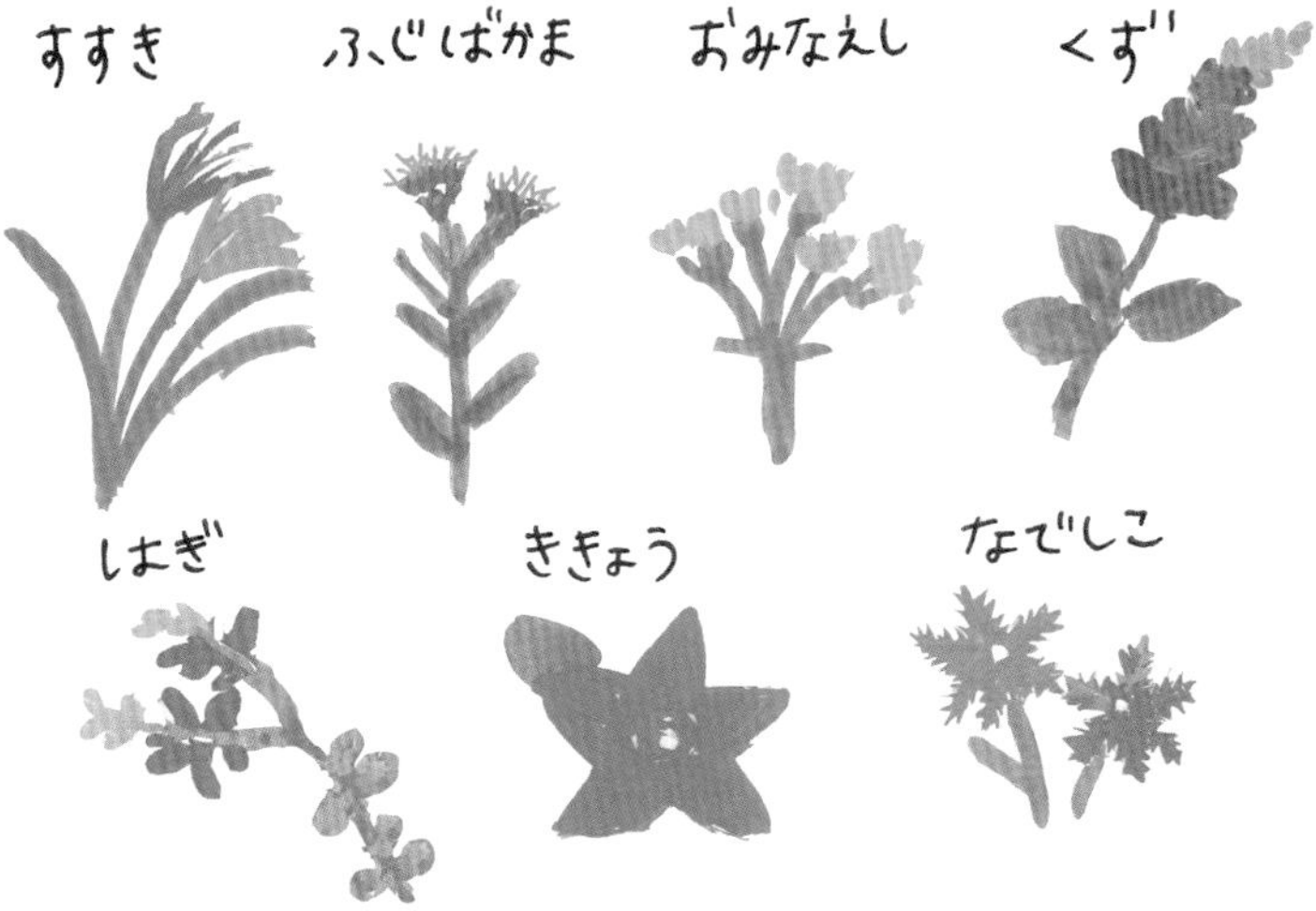

- **はぎ（萩）**…赤紫の蝶の形の花が連なって咲く低木。七草の代表的な存在で、万葉集では最も多く詠まれた花。
- **おばな（尾花）**…すすき。花穂が馬の尾のようにふさふさしたことから。山や野原に群生して生える。
- **くず（葛）**…蔓草で赤紫の花が咲く。根は葛粉や葛根湯などに使われている薬草。
- **なでしこ（撫子）**…花のふちが糸状に分かれている。女性の美称「大和撫子《やまとなでしこ》」の由来になった清楚で優美な花。
- **おみなえし（女郎花）**…繊細な黄色の花を傘のように咲かせる。盆花にも使われる。
- **ふじばかま（藤袴）**…藤色の品のよい花をつける。乾燥すると桜餅のような香り。
- **ききょう（桔梗）**…青紫の星形の花をつける。形の整った美しさで賞美されてきた。

十月

【神無月―かんなづき】

神の月（無は「の」の意味）。全国の神々が出雲大社に集まり、各地の神々が留守になる月という説もある。

October

新暦	主な行事	二十四節気
1日	衣替え	秋分（昼夜が同じ長さに）
2		秋分（昼夜が同じ長さに）
3		秋分（昼夜が同じ長さに）
4		秋分（昼夜が同じ長さに）
5		秋分（昼夜が同じ長さに）
6		秋分（昼夜が同じ長さに）
7		秋分（昼夜が同じ長さに）
8		
9		
10		
11		
12		

秋桜《こすもす》

こぼれた種から増え、台風からも立ち上がる。
可憐でたくましい花。

31	30	29	28	27	26	25	24	23	22	21	20	19	18	17	16	15	14	13
ハロウィン											秋の土用入り えびす講					十三夜（旧暦九月十三日）	◉スポーツの日（第二月曜）	
		霜降（霜が降りる）											寒露（朝晩の冷え込みが厳しくなる）					

◉国民の祝日

※二十四節気やそれに関する行事、祝日の一部は、年によって日にちがずれることがあります

十三夜

旧暦九月十三日（十月中旬から下旬頃）

十五夜（P．106参照）から、約一カ月後の旧暦九月十三日の月を十三夜と呼びます。十五夜と同じく、こちらも毎年、日にちは変わります。

十五夜とは違い、十三夜は日本独自の行事です。由来ははっきりしませんが、台風シーズンの十五夜よりも、天気が安定して晴れることが多かったことから定着したそうです。月見は平安貴族たちに愛され、『源氏物語』や『竹取物語』など多くの書物にも登場します。

十三夜は、十五夜に対して「後《のち》の月」とも呼ばれます。昔は十五夜と十三夜のどちらかしか月見をしないことを「片見月」「片月見」といい、縁起がよくないと忌み嫌われました。農村部では「片見月は不作に陥る」といわれたそうです。旧暦十月十日の十日夜《とおかんや》（P．122参照）と合わせて、「三月見」と呼ぶこともあります。

十五夜がほぼ満月なのに対し、十三夜は少し欠けた月。十三夜を愛でるところに、不完全なものに美を見出す日本人ならではの美意識を感じます。丸い月よりもどことなく寂しげな佇まいが、秋の深まりにしっくりきます。

十五夜の「芋名月」に対し、十三夜は、この時期に収穫される枝豆や栗を供えることから「豆名月」「栗名月」といいます。月への感謝を込めて、しつらいはお月さまから見える窓辺や床の間に。ベランダに小机を出すのもおすすめです。すすきや十三個（あるいは三個）のお団子と一緒にしつらえます。

✪栗名月

栗は、縄文時代から栽培され、栗の「く」の音が、最大陽数（P.14参照）の「九」に通じることから、お祝いごとに重宝されてきました。日にちの近い九月九日の重陽の節供（P.104参照）は「栗の節供」とも呼ばれ、栗ごはんを食べる習わしがありました。

✪豆名月

「豆」は大豆のこと。大豆の歴史も古く、縄文時代後半頃から弥生時代にかけて日本に入ってきました。五穀の一つでもある大豆は、味噌や醤油などの調味料をはじめ、豆腐や納豆など日本の食生活には欠かせない存在。改めて豆の収穫にも感謝して盛りましょう。

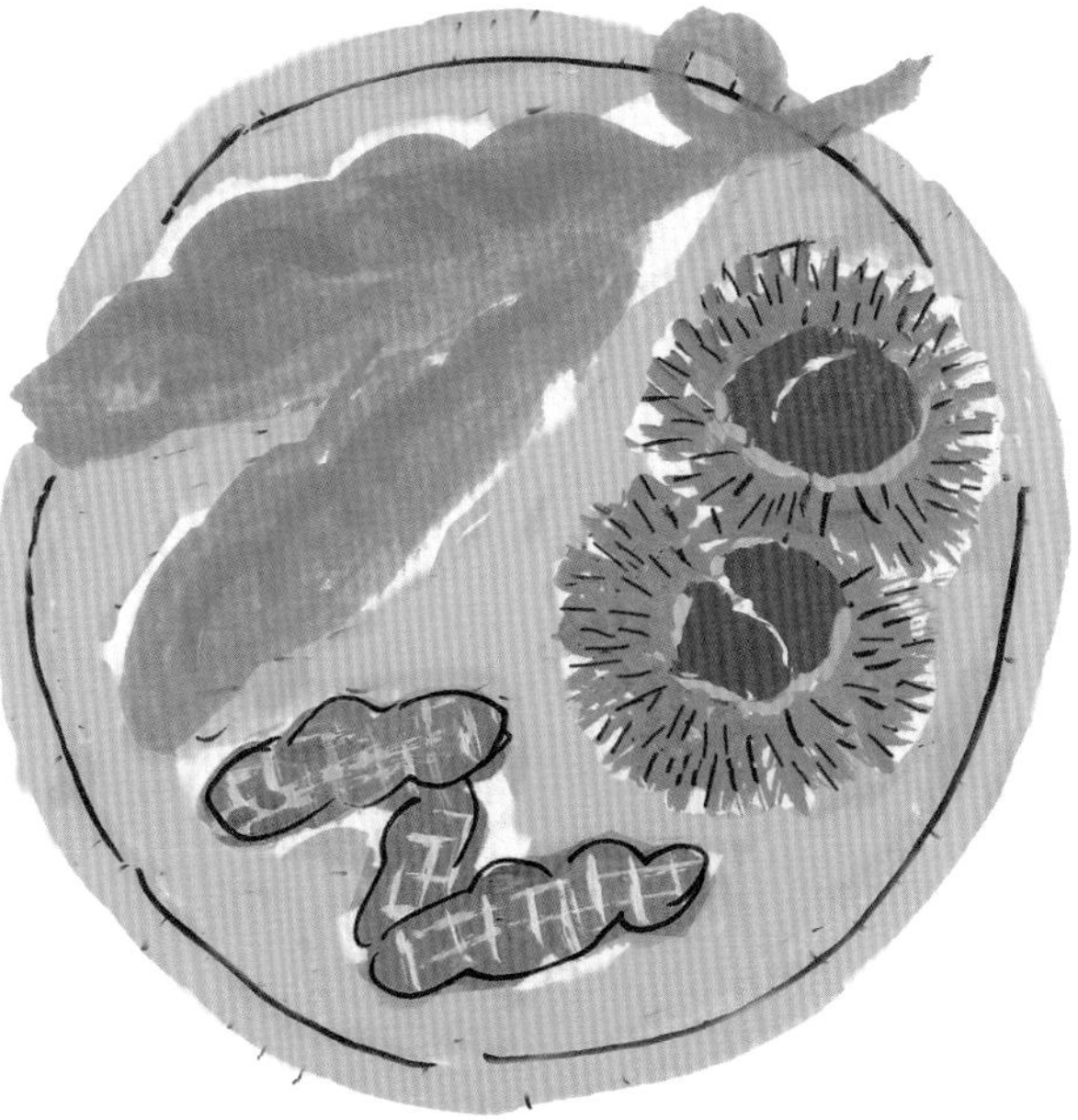

栗や豆はいがや葉、つるがついたものがあれば、そのまま盛りましょう。
柿やぶどう、梨などを盛り合わせれば、にぎやかな収穫祝いに。

豆、いろいろ

豆名月のしつらいに用いる豆は、大豆でなくてもかまいません。いんげん豆や落花生、なた豆、ひよこ豆など、出始めの新豆を盛ってもよいでしょう。また、大豆と枝豆は同じもので、未熟で青いものが枝豆です。品種によっては秋に採れる枝豆もあります。

もし、枝やつるがついた状態で手に入ったら、そのまま飾ると自然の力強さを感じる、美しいしつらいになります。「採れました」という臨場感を演出してかごやざるに盛ったり、新豆なら枡に入れたり。枡は「ますます」に音が通じ、おめでたい道具です。どのような器に盛るかを考えるのも楽しいものです。

枝豆

秋採れの枝豆は味が濃く、甘味が強いといわれます。

なた豆

「刀豆」とも書く、鉈《なた》の形に似た大きな豆。「門出《かどで》豆」とも呼ばれる縁起物です。

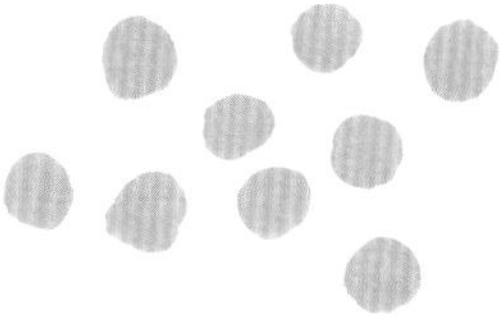

大豆

大豆は穀霊が宿ると考えられてきた、大切な五穀の一つです。

一月
二月
三月
四月
五月
六月
七月
八月
九月
十月
十一月
十二月

手しごとを楽しむ

栗ごはん

外の鬼皮《おにかわ》や、渋皮は皮むきが手間ですが、
手をかけた分その美味しさは格別。
むいた栗は調理の前に冷凍するとより甘みがアップ。
甘露煮などいろいろ楽しんでみましょう。

◈材料

栗 ………… 400g
米 …………… 3合
塩 ……… 小さじ1
水 ……… 650㎖

◈作り方

❶ 栗は一晩水につけておく。
❷ 鬼皮がやや柔らかくなっていたら、底のざらざらした部分を包丁で少し切り落とす。
❸ そこから先端に向かって、包丁で鬼皮をむく(Point A)。
❹ 同様に、栗の丸みに沿って渋皮をむく。キレイにむけたら水につけ、アクを抜く(Point B)。
❺ 炊飯器に研いで30分ほど浸水させた米と❹の栗、塩を入れて炊く。この時、餅米にすれば、栗おこわになる。
❻ 器に盛り、好みでゴマ塩などを振って完成。

Point

A

最初に底を落とすと、安定してむきやすくなる。けがをしないように気をつけて。

B

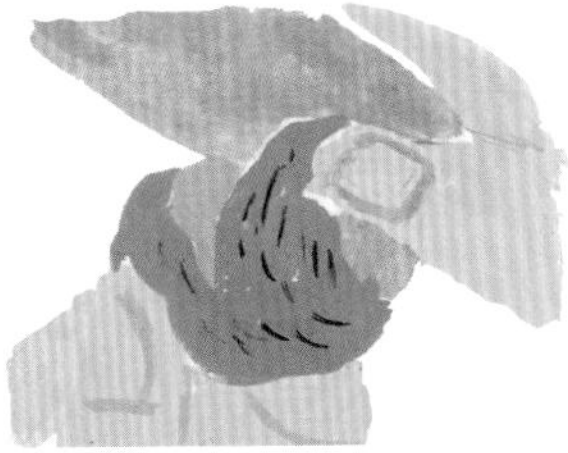

渋皮は細かくむくよりも広めにむくほうが仕上がりがきれい。

十一月

【霜月―しもつき】

霜の降りる月。

新暦	主な行事	二十四節気
1日		霜降（霜が降りる）
2		
3	◉文化の日	
4		
5	酉の市（酉の日）	
6		
7	亥の子（旧暦十月最初の亥の日）	
8		
9		
10	十日夜（旧暦十月十日）	

November

紅葉《もみじ》

最低気温が8度を下回ると紅葉が進む。
「もみじ」は植物が色づく「もみつ」から。

30	29	28	27	26	25	24	23	22	21	20	19	18	17	16	15	14	13	12	11
							◉勤労感謝の日 新嘗祭								七五三				
				小雪 （雪が降り出す）										立冬 （冬の始まり）					

◉国民の祝日
※二十四節気やそれに関する行事、祝日の一部は、年によって日にちがずれることがあります

亥《い》の子《こ》・十日夜《とおかんや》

亥の子：旧暦十月の亥の日（十一月の亥の日）
十日夜：旧暦十月十日（十一月中旬～下旬頃）

主に関西では「亥の子」、関東では「十日夜」と、地方によって呼び名や行われる時期は異なりますが、稲の刈り上げを祝うお祭りです。餅をついて祝ったり、田んぼから案山子《かかし》を引き上げて収穫物をお供えしたりします。多く見られるのは、地面を打つ（叩く）こと。亥の子では縄を巻きつけた大きな石を使って、十日夜では藁で作った藁鉄砲を使って地面を打ちます。邪霊払い、モグラ除けなど、「悪いものを追い出す」などの意味があります。子どもが数人一組で近所を回り、囃子《はやし》歌を歌いながら地面を打つという習わしも昭和の半ば頃までよく行われていたようです。お礼にお金やお菓子がもらえたそうで、西洋の収穫祭「ハロウィン」とよく似ています。

亥の子では、亥の日の亥の刻に、穀物の入った「亥の子餅」を食べて無病息災を祈る習わしがあります。また、亥《いのしし》は、陰陽五行説（P.14参照）では「水」に当たることから火を防ぐ力があると信じられてきました。亥の日に火を入れると火災に遭わないといわれ、こたつを出したり、囲炉裏《いろり》を開いたり、茶家では炉開きをしたりする日でもあります。

一方、十日夜は、十五夜、十三夜と合わせて「三月見」と呼ばれることがあります。三日とも晴れて月が見られると縁起がいいとされます。また、「大根の年取り」といって大根が首を伸ばすので、十日夜の日は大根畑に入ってはいけないといった言い伝えも残っています。

七五三

《十一月十五日》

十一月に入ると、晴れ着姿のうれしそうな家族連れを見かけます。七五三は、子どもが無事に成長したことを氏神さま(住む町の神社にいる神さま)に感謝し、お祝いする日。男の子は三歳・五歳、女の子は三歳・七歳で祝いますが、もともと年齢別の儀式があったのをまとめて「七五三」として祝うようになりました。

平安時代や室町時代頃には七五三の原型があったと考えられています。長らく宮中や公家、武家などの上流家庭で行うもので、各家々で吉日に行われていたようです。やがて、江戸などの都市部で流行となりましたが、農村部でも行われるようになったのは、昭和に入ってからのこと。

それ以前の庶民の間で行われていた年齢祝いは「七歳祝い」でした。昔は、早世してしまう子どもも多く、「七歳までは神のうち」といわれ、七歳は人生の大きな区切りと考えられていました。七歳祝いは、単に成長を祝うだけでなく、村の氏神さまにお参りすることで正式な氏子となり、村の一員としても認められるという社会的な儀式だったと考えられます。

親になってからの七五三は、子どもが無事に育ったことに感謝するお祝いであるとともに、自分を育ててくれた親への感謝を想う日ともなります。家族や祖父母などに囲まれてお参りしたり、家族写真を撮ったり、お祝いの食卓を囲んだりすることは、子どもにとっても大人にとっても心に残る大切な時間になることでしょう。

✪七五三の儀式

七五三のお祝いは、満年齢（実年齢）の年に行います。古くは、年齢ごとに異なる儀式がありました。

七歳

帯解《おびとき》の式

「帯直し」「紐落とし」ともいわれ、紐つきの子どもの着物から、帯で締める大人の着物にかわる儀式。振袖を着て帯を締め、鏡や懐紙などを入れる小物入れ「筥迫《はこせこ》」や金属製で護身にもなる「びら簪《かんざし》」、末広がりで縁起のいい「扇子」などの小物が使われました。

五歳

袴着《はかまぎ》の式

子どもにはじめて袴をはかせる儀式。江戸時代には、碁盤の上に子どもを立たせ、儀礼上の親（長寿や子宝に恵まれた夫婦）が裃《かみしも》をつけました。碁盤を「城取り」となぞらえて、四方に礼をし、どちらを向いても勝つようにとの願いを込めました。

三歳

髪置《かみおき》の式

剃っていた髪を、男の子は髷《まげ》に結うために、女の子は美しく整えるために伸ばし始めるための儀式。赤ちゃんから幼児になった証で、「櫛置《くしおき》」とも呼ばれます。白髪のかつらや白い綿帽子をかぶり、白髪になるまで長生きするように願いました。

✦七五三のしつらい

・千歳飴

千年生きられるようにと願った紅白の棒状の飴。袋に鶴・亀など長寿を願うモチーフが描かれているものも。

・柿

「嘉来《かき》」に音が通じ、「喜び来たる」という気持ちを表します。柿の持つ七徳(長寿、実が大きいなど)を子どもが得られるよう願ってしつらえます。

・赤飯

小豆の赤は厄除けの色。飾りの南天も「難を転じる」縁起物。

・鯛

姿・色・味わいの三拍子そろった魚で、「おめでたい」の心を盛る縁起物。尾頭つきは、「最初から最後まで全うする」気持ちを込めて。

柑橘類は、「きつ」が「吉《きち》」と通じるため、よくお祝いに使われます。「努力が実を結ぶ」ともいうように、実りの喜びの意味も。グレープフルーツなどの黄色も厄除けの色です。

酉《とり》の市《いち》

十一月の酉の日

各地の鷲《おおとり》（大鳥）神社で、十一月の酉の日に開かれる市のこと。始まりには諸説がありますが、現在の東京都足立区にある大鷲神社での収穫祭だったといわれています。

「酉の日」とは、十二支を日に当てはめたもので十二日に一度巡ってくるため、年によって酉の市の日付も回数もまちまちです（P.14参照）。一回目の酉の日を「一の酉」、二回目を「二の酉」と呼び、「三の酉」まである年は火災が多いという言い伝えがあります。三の酉限定で、火除け守りを授与する神社もあります。

酉の市は、酉の日や鷲神社の「とり」が「客を取り込む」と結びつき、今では大にぎわいの冬の風物詩に。酉の市といえば、なんといっても熊手です。商売繁盛や家内安全などの願いが込められた大小の熊手を売る露店がずらりと並びます。もともと農具として売られていた熊手が、その形と用途から福や富を「かき集める」として人気に。七福神や宝船、千両箱などがついた豪華な飾り熊手になっていきました。毎年買い換えるのが決まりで、年々大きくするとよいといわれます。大きいものでは一メートル以上あるものも。安く買うほど縁起がよいということで、お店の人との駆け引きが名物ですが、値引き分はご祝儀として払うのだそう。無事に成立すると「お手を拝借！」と景気のいい三本締めが響き渡ります。

酉の市が行われるのは主に関東で、関西では一月の「十日戎《とおかえびす》」が同じく熊手を求める人々でにぎわいます。

新嘗祭《にいなめさい》

十一月二十三日

五穀豊穣を神さまに感謝する収穫祭。その年に採れた新穀を天皇陛下が神殿に供え、自らも食す宮中の祭祀で、飛鳥時代に始まり今も続く、皇室の最も重要な行事の一つです。「嘗」は、食べ物を調えてもてなす「饗《あ》えす」という意味です。

昭和二十三年に「勤労感謝の日」と名称が変わりましたが、それまでは「新嘗祭」と呼ばれる祭日でした。今も全国各地の神社では、収穫に感謝して新嘗祭が行われ、新米や穀類、農作物、新酒などが奉納されます。ちなみに、神社にお供えするお金を「初穂料」といい、奉納する刈り取った初穂の束を「懸税《かけちから》」といいますが、昔はお米がお金代わりだったことをうかがわせる言葉です。

五穀とは、「米・麦・粟《あわ》・豆・黍《きび》（または稗《ひえ》）」の五つの穀物のことを指します。毎年同じように芽を出し、生育し、実る穀物には霊が宿っていると信じられてきました。「五穀豊穣」とは、穀物が豊かに実ること。生きるエネルギーがもらえる五穀を無事に収穫できることは何よりの願いだったはずです。「米」という漢字は、分けると「八十八」になりますが、これは米づくりには八十八の手間がかかることが由来ともいわれています。食卓に上がるまでにどれだけの人の手が関わっていることでしょうか。今年もお米が無事に収穫できたことに感謝して、新米をはじめとした新穀を美味しくいただく日にしてはいかがでしょうか。

✪新米

つやつやで甘みを強く感じられる新米は、それだけでごちそう。その年の十二月三十一日までに収穫・精米された分を新米と呼びます。その美味しさを引きだすポイントを料理家の荒木典子さん（P.63参照）に聞きました。

「新米はなによりも鮮度が命。使いかけのお米があっても、いただいたら真っ先に食べてください。お米は研いだらすぐに炊かず、ざるにあげて三十分は浸水しましょう。お米にじっくり水を吸わせることが大切です。できればいいお水で研いであげるといいですね。水加減は新米の品種や好みにもよりますので、好きな水加減でOK。土鍋で炊くのもいいですが、最近の炊飯器は優れ物が多いので、お任せでも十分美味しいですよ」

精米技術が向上したことから、最近のお米は洗いすぎるとうまみが逃げてしまうといいます。手でささっとかき混ぜ、3回程度水を替えればいいそうです。

Column

[人物語り／3]

農家・沼崎信夫さん

人と人、人と自然をつなぐ うるおいある農の風景を守りたい

餅、お粥、だんごなど、行事によく登場する「米」。日本人は一粒も無駄にしないよう古くから大事にしてきました。

東京都・国立市に住む沼崎信夫さんの家は、代々続く農家。水田と畑を持っており、稲作と野菜生産を続けています。都内の農地は年々減っていますが、沼崎さんの幼少期、昭和三十年代頃まで、周りは農家ばかりでした。

「昔は、稲を植える、刈る、干す、縛る、運ぶ、脱穀、精米まで全部手作業で大変でした」

米作りには八十八の手間がかかるといわれますが、現代は機械化が進み、負担はだいぶ減ったそう。「今はもう、米は自分たちが食べる分しか作っていない」と話しますが、餅米は欠かさず作り、正月用の鏡餅は、自らついて一族に贈るのが習慣です。

「米は、稲わらやぬか、もみ殻は畑の肥料になるなど、一切無駄にならないのがすごいところ。また、水田は町にうるおいをもたらしてくれているのもいいですね」と話します。「身体が動く限り、農家を続けたい」という沼崎さん。米作りや野菜の収穫体験を積極的に行い、代々続く農家の想いを広く伝えています。

米作り体験で、田植えのコツを参加者に説明する沼崎さん。子どもにもわかるよう丁寧に教えてくれると評判です。

Profile

沼崎信夫

東京都・国立市の農家に生まれる。大学卒業後、一般企業に勤めながら家業を手伝う。父の死後、田んぼと農地を引き継ぎ、国立市農業委員会会長を歴任。学校や団体、一般市民向けの田植えや収穫体験なども力を入れている。

十二月

【師走―しわす】

師匠といえども、趨走《すうそう》（走り回る）する月。
師は僧侶との説も。

新暦	1日	2	3	4	5	6	7	8	9	10
主な行事								針供養		
二十四節気	小雪（雪が降りだす）									

December

柚子《ゆず》

香り高く邪気を祓うとされる。
枝には鋭いとげがある。

31	30	29	28	27	26	25	24	23	22	21	20	19	18	17	16	15	14	13	12	11
大晦日《みそか》						クリスマス				冬至								正月事始め		
						冬至（日が最も短くなる）										大雪（本格的に雪が降る）				

※二十四節気やそれに関する行事、祝日の一部は、年によって日にちがずれることがあります

お歳暮

十二月初旬〜二十日頃

一年の終わりに、お世話になっている方に感謝の気持ちを込めてお礼の品を贈る習わし。元来、お中元（P．92参照）でお盆に使うものを届けていたように、暮れのうちに正月にお供えする品を本家などに届けていました。もともと大晦日だけの習わしだったようです。また、江戸時代の商売は掛け売りで、お盆と暮れに半年分の請求をまとめて支払っていました。その際に、得意先にお礼と新年のあいさつを兼ねて贈り物を持参したそうです。この二つがお歳暮の由来と考えられています。

伝統的には、塩鮭や鰤《ぶり》などの魚や、するめなどの干物、米や餅などの食料品を贈っていたようですが、今ではハムなどの加工食品や、酒類や菓子などの日持ちする食料品のほか、入浴剤やカタログギフトなど、選択肢も豊富です。家族構成や嗜好など、贈る相手のことを想って選びましょう。お届けは十二月二十日頃までが目安です。

贈る相手は、両親や親戚、仕事の取引先、仲人やお稽古ごとの先生など、目上の方が一般的です。利便性からデパートなどで選んで、そのまま配送してもらうことが増えていますが、本来は相手先に訪問して、あいさつ方々渡すもの。せめて感謝の気持ちを込めた手紙を添えると丁寧でしょう。

お歳暮をいただいたら、お礼はすぐにしましょう。丁寧なお礼状を、と思っても年末の慌ただしさもあり後回しになってしまうことも。間柄によっては電話やメールなどで、まず一報を入れるのがおすすめです。

正月事始め

十二月十三日

日本人にとって正月は、一年で最も大きな行事。かつては、門松にするための松や、おせち料理やお雑煮を煮炊きするための薪などを山に取りに行くことから始まり、煤《すす》払い（大掃除）や、年の市（正月用品の売り出し）での買い物、お歳暮などの贈り物、餅つき、門松を立てるなど、準備に大わらわでした。「正月事始め」の十三日は、煤払いが広く行われていたそうです。ニュースなどでご本尊の煤払いをするお寺の映像を目にすることもあるでしょう。

　正月を迎える支度も昔とは変わりましたが、年末は何かとばたばたします。とくに、大掃除は早めに着手できると、時間切れになることもなく、すみずみまで家をきれいにできておすすめです。

まず、煤払いの十三日に着手してみては。一日ですべてを終えようとすると大変ですから手始めに小さなところを掃除してみましょう。アドベントカレンダー（クリスマスまでの日数を数えるためのカレンダー）のように、日付の枠内に掃除をする場所とごほうびのおやつを書き入れておくとゲーム感覚で楽しめます。収納棚、冷蔵庫、靴箱など、気になりながらも手つかずの場所もきれいに整えて、新年を迎える準備を始めましょう。

冬至

《十二月二十一日頃》

一年で最も日が短く、夜が長い日。「一日ごとに畳の目だけ日が伸びる」「米の粒だけ日が伸びる」などといい、冬至を境に太陽の出ている時間が少しずつ長くなります。日がどんどん短くなる中、弱まっていた太陽が復活する日として世界中で歓迎され、古代北欧の「ユール」や中国の「冬至節」など各地で冬至を祝うお祭りが行われてきました。日本でも、神社などで火祭り神事が行われます。

中国の陰陽思想（P.14参照）では、冬至は陰が極まって陽に転じる日と考えられており、かつては冬至を正月としていたこともあります。また、「一《いち》陽来復《ようらいふく》」という言葉をご存じでしょうか。冬至を表し、冬が去り、春が来ることを示すのと同時に、悪いことが続いた後には物ごとが好転するという意味があります。冬至をいい方向に向かうきっかけの日と考えると、ありがたく思えます。

東京・新宿にある穴八幡宮《あなはちまんぐう》は、「一陽来復」の守り札で有名です。金銀融通のご利益にあずかるため、冬至の日は、日の出前の朝五時頃から境内が人で埋め尽くされるほどの盛況ぶり。いただいたお札は、冬至、大晦日、節分の日のいずれか都合がよい日を選び、夜十二時ちょうどにその年の恵方に向けて貼ります。

冬至の日は、柚子湯に入ったり、かぼちゃや小豆を食べたりする風習があります。暖かくして栄養のあるものを食べる、寒く厳しい冬を元気に過ごすための知恵です。

運盛り

一年が無事に終わることへの感謝と次の年も運がつくように願いを込めて、「ん」が二つつくものを盛ります。陽数とされる奇数（七つが一般的）で盛るとさらに縁起担ぎに。また、年の締めを「ん」で表しています。

唐辛子《とうがらし》

太陽の復活を祝う火祭りをイメージし、火の見立てとして。赤い色は魔除けになるともいい、唐辛子を編んだ飾りもあります。

からすうり

食用ではなくしつらいに。別名をねずみうりとも呼び、干支の最初の「子《ね》」とかけて、新年の始まりを表します。

運盛りは甘藍《かんらん》（キャベツ）・銀《ぎん》杏《なん》・寒天・南瓜《なんきん》（かぼちゃ）・隠元《いんげん》・人参・蓮根・金柑・南蛮（唐辛子）など、「ん」のつく野菜を盛ります。

辛味としてはもちろん、防腐効果があるなど食材として優秀な唐辛子は、真っ赤な色が盛り物としても映えます。

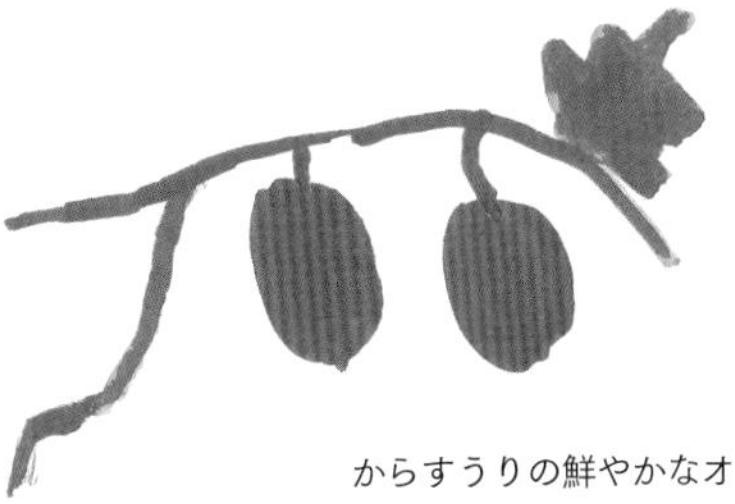

からすうりの鮮やかなオレンジ色の実だけでなく、つるには、つながりを表す意味があるので切り取らずに巻いてしつらえます。

✪柚子《ゆず》

果実の黄色は厄除けの色。強い香りは邪気を祓うと考えられてきました。「柚子」は「融通（滞りなく通じる）」、「冬至」は「湯治」の語呂合わせで使われます。柚子には血行促進作用があるとされ、ひび、あかぎれに効果があり、柚子湯に入ると風邪を引かなくなるといわれています。枝つきがあればそのまま盛るだけで美しいしつらいに。手ぬぐいを添えると柚子湯の見立てになります。

✪かぼちゃ

緑色のおなじみのかぼちゃは、食べるだけでなく、しつらいに。置いておくと黄色がさしてきて、陰から陽に移っていくさまのようで冬至にぴったりです。

柚子湯

柚子はガーゼ袋に入れて湯に浮かべます。押しつぶすと爽やかな香りが立ちます。

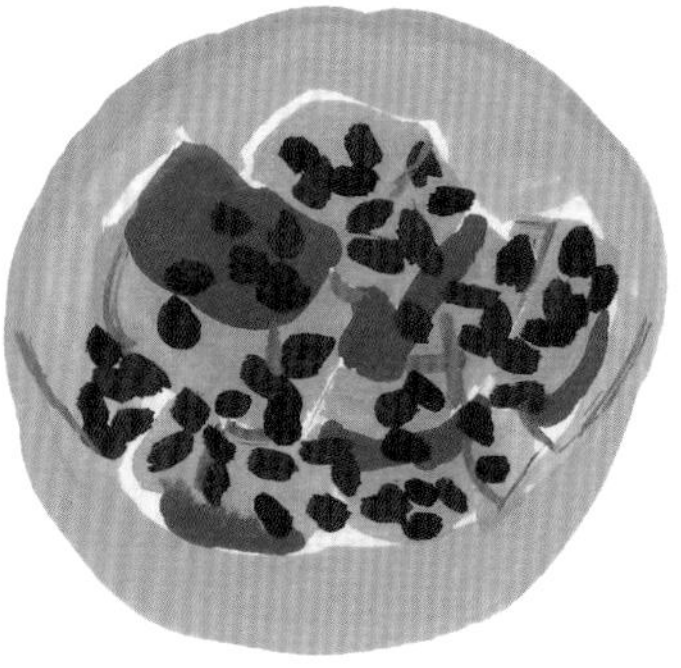

かぼちゃと小豆のいとこ煮

冬至の定番、かぼちゃと小豆を一緒に煮た「いとこ煮」。かぼちゃの黄色と小豆の赤色は厄除けの色です。

クリスマス

十二月二十五日

クリスマスは、イエス・キリストの誕生を祝う降誕祭。日本中で大人も子どもも楽しみにしているイベントの代表ともいえます。クリスマスがこの時期に行われるようになった理由は、冬至が関係していると考えられています。

キリスト教が広く普及する前、古代ローマ帝国では、冬至は十二月二十五日と定められており、「太陽神」が誕生する日と考えられていました。各地で盛大にお祭りが開催されていたようです。キリストの生誕を祝う日を十二月二十五日と定めることで、太陽神と救世主の誕生を結びつけたといわれています（諸説あり）。ちなみに、キリストが生まれた日は聖書にも記載がなく、正確なことはわかりません。

クリスマスツリーに使われるモミの木は、厳しい真冬でも緑を絶やさないことから「永遠の生命」を意味し、その生命力を新しく生まれ出る太陽の力になぞらえました。また、リースなどの飾りとして使われる柊《ひいらぎ》の赤い実や松ぼっくりは、収穫の象徴。日本でも、松・竹・梅などの常緑樹は同じように縁起物です。国は違っても、行事の根底に流れている考え方は共通したものが多いことがわかります。

しめかざり

十二月二十六日頃〜三十日（二十九日は避ける）

しめかざりは、もとは「しめ縄」から派生したもの。邪気を祓った清浄な空間であることを表し、大掃除を終えた後、「年神《としがみ》さま」を迎える準備ができたことを知らせる目印です。

年末になると露店や花屋、マーケットなどあちこちにしめかざりが並びます。今は職人が作るものと思いがちですが、昭和四十年代頃までは、お米を収穫した後の稲わらで、家の主人が座敷で作ることも多かったそうです。「稲は捨てるところがない」といわれるように、当時は稲わらでわらじや蓑《みの》（雨具）、鍋敷きなど多くの生活道具が作られました。しめ縄やしめかざりは「左綯《な》い」といい、日用品の「右綯い」とは区別した作り方をします。稲の神聖な力に来年への願いを託してしめかざりを作り、裏白《うらじろ》や水引、紙垂《しで》などでにぎやかに飾りつけをします。

飾るタイミングは、クリスマスを過ぎた頃から。九が「苦」に通じることから二十九日は避け、一夜飾りは縁起がよくないとされることから三十日までには飾りましょう。

来年がいい年になるように願いを込めて、手製のしめかざりにも、ぜひ挑戦してみてください。

✦縁起物の飾り

しめかざりにつける代表的な飾りを紹介しましょう。地方によって、家によって、自分の想いによって飾りつけもいろいろ。それぞれに大切な意味があります。

❶紙垂《しで》

しめかざりの基本の飾りで、半紙など白い紙を切ったもの。神の依代《よりしろ》と考えられており、その形は雷や稲穂を見立てたものともいわれています。

❷裏白《うらじろ》

葉の裏が白いことから、心の裏に偽りなく、清廉潔白であることを表します。白を前にするのが一般的ですが、神さまに裏を向けるのは失礼と、緑を前につける地方もあります。

❸ゆずり葉

常緑樹で、新しい葉が育ってから古い葉が落ちるため、子孫繁栄を願ってつけます。

❹橙《だいだい》

家が「代々」続きますようにと子孫繁栄を願う縁起のいい柑橘。実がなっても木から落ちません。

❺南天《なんてん》

「難」を「転」じる縁起物。赤い実がアクセントになります。

❻お札《ふだ》

「笑門招福」「謹賀新年」「家内安全」などの願いを込めて。自分で書くのもおすすめです。

大晦日《みそか》

十二月三十一日

一年の最後の締めくくりの日です。「晦日《みそか》」は「つごもり」とも読み、「月《つき》隠《ごもり》」、つまり月が隠れて見えなくなる頃を意味します。太陰太陽暦（P.9参照）が使われていた頃は、日にちと月の満ち欠けが連動していたので、月終わりは決まって月が見えなくなりました。「みそか」はもともと「三十日」と書き、月の最終日を意味します。十二月は一年の最後。晦日に「大」をつけて「大晦日」となりました。

今は、一月一日に日付が変わった瞬間から新年という感覚があると思いますが、明治時代の初めに暦が変わるまでは、一日は日没から始まると考えられていました（P.18参照）。つまり、大晦日のうちに正月が始まり、年神《としがみ》さまを家に迎え入れる一年で最も大切な日だったのです。数え年が使われていた頃は、だれでも元旦になると一つ年を取ったので、最初の食事は「年取り膳」「年越し膳」と呼びました。

今の大晦日は、年越しそばが定番です。細く長いそばに、長寿や家運が長く続くようにとの願いが込められています。江戸時代中頃に、月末が忙しい商家が夜遅くそばを食べる「三十日そば」の習慣があったのが由来とか。薬味にはねぎが欠かせませんが、「祈《ね》ぐ」という言葉から、刻みねぎを一緒に添えることでさらに長寿や金運などを祈願したともいわれています。

決まった日に決まったものをいただく行事食も、暮らしの節目となっていいものです。今年一年を振り返りながらツルツルッといかがでしょうか。

除夜の鐘

「除夜」とは古い年を取り除くことをいい、大晦日《みそか》の夜のことを指します。夜は暗闇、煩悩にまみれた心の闇を意味し、それを取り除くために除夜の鐘をつきます。鐘を一〇八回つくのは、煩悩《ぼんのう》の数という説が有力です。ほかにも、十二月・二十四節気・七十二候の数を足し合わせたもの、四苦八苦(三十六+七十二)などの説もあります。

大晦日の夜にお参りすることは「除夜詣」といいます。神社では火を焚き、厄除けの神事を行うところもあります。場所によっては、当日に整理券を配布して参詣客に除夜の鐘をつかせてくれます。寒い中に新年を迎える厳かな雰囲気を感じて、心に残る年越しになることでしょう。

除夜の鐘は、本来は107回までは旧年中について煩悩が去ったことを表し、最後の1回は年が明けてから、煩悩に惑わされないように願ってつくものとされます。現在は、夜12時をはさんでつく寺院が多くなっています。

おわりに

いとよしのワークショップには、幅広い年代の方が参加されます。小学生もいれば、八十代の方も。お一人で参加する方も多いのですが、最後のお茶の時間の頃には、和やかに話が弾んで、まるで親戚の集まりのようと思い、ついニコニコしてしまいます。

小正月には「子どもの頃、大きな白膠《ぬる》木《で》の木にたくさん飾りをつけていたのを思い出して、懐かしくって」とか、ひな祭りでは「子どもが小さい頃に、自分でひな人形を作ってあげたのよ」とか、皆さんがいろいろな思い出話をうれしそうに聞かせてくださいます。

これが行事の力、しつらいの魅力。子どもの頃からみんなが知っている行事は、誰の中にも大なり小なり根を下ろしています。子どもの頃の楽しい思い出や、大人になって自分のため、家族のためにするしつらいは、心を豊かにしてくれます。続けていくうちに、季節感や感謝の心を感じとるセンサーが磨かれて、日々の小さな「しあわせ探し」も上手になるような気がします。ぜひちょっとしたことから、始めてみてください。しつらいには、いいことばかりです。

最後に、いとよしに惜しみない力と愛情を注いでくださる講師の高橋久子先生、温かく支えてくださるスタッフの皆さま、書籍化の機会を下さったエクスナレッジの新谷さんとすべてに根気強くご尽力いただいた編集の高橋顕子さん、そしてしつらいの魅力を余すことなく教えてくださる「室礼三千」の山本三千子先生に深く深く感謝申し上げます。

いとよし代表　尾﨑 美香

【著者紹介】

いとよし代表

尾﨑 美香 Mika Ozaki

行事と楽しむ暮らし「いとよし」代表。花王株式会社にてコピーライター、クリエイティブディレクターとしてブランディングやコミュニケーション戦略に携わる。退社後に日本文化の学び直しを求めて「室礼三千」と出会い、年中行事を学ぶ。二〇一八年より「いとよし」を立ち上げ、しつらいの魅力を広めるため活動中。

いとよし

日本の行事のしつらいや、季節の手仕事のワークショップを主催。「田んぼとくらしのフルコース」では、田植えから稲刈り、新米でのおむすびの会や稲わらでのしめかざり作りを行う循環型のくらし体験を提供。Stand・fm「いとよしさんちの、今日なんの日?」で暦や季節の情報を日々配信中。企業向け講座、しつらい展、執筆活動など、幅広くしつらいの魅力を発信している。

〈Instagram〉
@itoyoshi2018

〈ホームページ〉
https://ito-yoshi.com/

【参考文献】

『稲の日本史』佐藤洋一郎(角川ソフィア文庫)
『陰陽五行でわかる日本のならわし』長田なお(淡交社)
『陰陽五行と日本の民俗』吉野裕子(人文書院)
『絵でつづる やさしい暮らし歳時記』新谷尚紀監修(日本文芸社)
『季節の盛りものと植物』中田恵美子(自費出版)
『現代こよみ読み解き事典』岡田芳朗・阿久根末忠編著(柏書房)
『365日で味わう 美しい日本の季語』金子兜太監修(誠文堂新光社)
『室礼おりおり』山本三千子(NHK出版)
『しめかざり――新年の願いを結ぶかたち』森須磨子(工作舎)
『植物と行事 その由来を推理する』湯浅浩史(朝日選書)
『日本人が知っておきたい和のしきたり』山本三千子(三笠書房)
『日本人のしきたり』飯倉晴武(青春出版社)
『日本の歳時伝承』小川直之(角川ソフィア文庫)
『日本のたしなみ帖 縁起物』(自由国民社)
『日本の民族 暮らしと生業』芳賀日出男(角川ソフィア文庫)
『日本を楽しむ暮らしの歳時記　春(別冊太陽)』(平凡社)
『年中行事事典【改訂版】』田中宣一・宮田登編(三省堂)
『年中行事を科学する』永田久(日本経済新聞社)
『和のしきたり 日本の暦と年中行事』新谷尚紀監修(日本文芸社)

【参考Webサイト】

国立国会図書館「日本の暦」
https://www.ndl.go.jp/koyomi/
国立国会図書館「本の万華鏡」
https://www.ndl.go.jp/kaleido/
MITSUKOSHI ISETAN for business「お中元」「お歳暮」
https://business.mistore.jp/shop/pages/oseibo_guide01.aspx

季節の行事と
いまどきのしつらい手帖

２０２４年２月17日　初版第１刷発行

著　者　いとよし

発行者　三輪浩之

発行所　株式会社エクスナレッジ
〒１０６－００３２
東京都港区六本木７－２－26
https://www.xknowledge.co.jp/

問合せ先　［編集］TEL ０３－３４０３－５８９８
FAX ０３－３４０３－０５８２
info@xknowledge.co.jp
［販売］TEL ０３－３４０３－１３２１
FAX ０３－３４０３－１８２９